原因、理由与解释

从"哲学模型"到"生活世界"

郭　晓◎著

ZHEJIANG UNIVERSITY PRESS
浙江大学出版社
·杭州·

图书在版编目（CIP）数据

原因、理由与解释：从"哲学模型"到"生活世界" / 郭晓著. —杭州：浙江大学出版社，2022.7
ISBN 978-7-308-22771-1

Ⅰ．①原… Ⅱ．①郭… Ⅲ．①哲学－研究 Ⅳ．①B0

中国版本图书馆 CIP 数据核字（2022）第 110127 号

原因、理由与解释——从"哲学模型"到"生活世界"

郭　晓　著

责任编辑	赵　静　冯社宁	
责任校对	董雯兰	
封面设计	周　灵	
出版发行	浙江大学出版社	
	（杭州市天目山路 148 号　邮政编码 310007）	
	（网址：http://www.zjupress.com）	
排　　版	杭州好友排版工作室	
印　　刷	杭州高腾印务有限公司	
开　　本	710mm×1000mm　1/16	
印　　张	12.25	
字　　数	200 千	
版 印 次	2022 年 7 月第 1 版　2022 年 7 月第 1 次印刷	
书　　号	ISBN 978-7-308-22771-1	
定　　价	80.00 元	

目　　录

1　从"哲学标准人"到"生活世界人"

如果你也认为哲学家"关心人类"或者"关心人类命运",那你很可能犯了跟我一样的错误——我已经错了好多年。

其实哲学家通常只关心他们自己。他们的理论预设经常是以自己为标准或样本的,他们的研究对象也时常如此——仿佛他们自己就代表了整个人类——他们纯真而傲慢。为此,我制造了"哲学标准人"一词(Philosophical Standard Person,PSP;或称 Philosophical Reference Person,PRP),试图描述"哲学研究对象"的基本特征:这是一群被坐在扶手椅上的哲学家们用他们的脑子创造出来的存在物(being),他们需要符合哲学家们对生活的想象和对理论的偏好——它们是一群人替(avatars),用以替代具体生活在这个残酷而真实的世界上的人类——我称之为"生活世界人"(Life World Person,LWP)。"生活世界"经常被指向胡塞尔"位于哲学中心位置"的先验现象学主题,在此我们只关心"生活世界"的"真实性"与"经验性",而不在意它在特定哲学流派中的特殊内涵——实际上,不同的哲学流派经常对相同的事实持有分歧严厉甚至根本对立的哲学观点。需要区分一下,作为"真实世界"的 Life World 与作为"理念世界"的 Lifeworld 有所不同,"生活世界"是柴米油盐吃喝拉撒的真实而非不食人间烟火的虚构,"生活世界"是可经验的而不是"先验"或者"超验"的。我们想指出——正如21世纪第一个十年开始兴起的实验哲学的实证研究所指出的——哲学家常常把从"哲学标准人"的哲学模型(philosophical Models)获得的结论无限外推到"生活世界人"——他们甚至都不曾意识到这是两种不同类型的存在!

因此,我们能否拿理论虚构的"哲学标准人"来代替物理实在的"生活世界人"？这里有一个大大的问号。

毕竟，"哲学标准人"和"生活世界人"是两类不同的存在——前者几乎只存在于哲学家的头脑中和论文里，后者则广泛分布于你的周围、你的身边、你的家里，存在于这个世界的角角落落。例如，正如理论和实验前赴后继地证明的：公众和哲学家的直觉在某些问题上经常是不一致的——这同时也意味着在另一些问题上二者的直觉是相似的。仔细想想，公众似乎并不需要那么一个／一群假人类之名却与普通人类相去甚远乃至完全不同的种类——心灵哲学家称一种"除了没有主观意识、所有物理方面跟人一样"的存在为"僵尸"，那我们又该称呼"除了核心直觉不同、所有物理方面跟人一样"的存在者叫什么好呢，"哲学家僵尸"还是"僵尸哲学家"？

有趣的是，这些哲学家还自以为公众与自己共享一致的直觉，因而在理论上创造出了一群跟他们自己的直觉高度一致的存在者——"哲学标准人"（PSP）。他们觉得自己并不孤单，他们自以为自己仅仅是"哲学标准人"的杰出代表。这一群主要由思辨哲学家"直觉地"创造出来的物种即便存在，也不该冒用作为普通公众的人类之名。所有有着"诚实"这一良好品质的哲学家们都应尽快、主动向他们的读者坦白这一事实，而不是继续隐瞒下去；特别是那些原本就无意欺骗公众、只是不小心被自己参与创作的"哲学标准人"所蒙蔽的哲学家们——无心犯下的错误总是值得宽恕的，有意欺瞒的则另当别论——"生活世界人"如是判断原因、理由与解释，判断与错误、意图相关的道德责任。

我们试图戳穿"哲学标准人"的谎言，考察真实的人类生活中值得关注的真实的哲学的问题，特别是系统呈现在原因、理由与解释问题上真实人类与哲学模型之间的巨大差异；揭示人类道德判断的复杂性和规律，试图倡导一种将哲学视为"广义经验科学"的有益运动。当然，这或许会引起"是否在取消哲学"的疑问，[①]不过好在，本质上哲学与自然科学共享同一个世界。因此无须过度计较到底谁最先发现"真实世界"的问题。

---

① 中国社科院一位受人尊敬的哲学前辈肯定了本书所做的尝试，同时向我提出了这一问题。我的回答是，在可以预见的未来，哲学家暂时都不会饿死。

1.1 责任的概念和历史

责任(responsibility)通常被视为伦理学的核心概念,从词源的角度看它源于拉丁语中的 respondere,本义为"回应"或"回答";不过从概念的角度考察我们可以合理推测,它很早就进入了我们人类祖先的部落生活之中。在不同哲学家眼中,"责任"内涵也有所不同——这正是我们传统思辨哲学的一个特点。朱迪思·安德烈(Judith Andre)区分了两类道德责任:一类是"基督教—康德"传统中的责任,它以惩罚和奖赏为核心概念;另一类是亚里士多德伦理学意义上的责任,以亚里士多德的"品格"(character)概念来定义道德责任。① 一般认为,道德责任归因是指依据行为者的特定行为或疏漏而在道德上值得称赞与奖励、责备或惩罚的状态,以及对责任(或荣誉)进行认定与划分的过程。②

不过好在哲学家跟普通公众共享了包括"责任"在内的道德哲学的某些核心概念,所以我们无须过度关心哲学家的"责任"概念到底长什么样子,而主要留意公众真实的责任及其归因即可。本书中,我们将重点考察责任归因的机制(Mechanism)和动因(Motivation)这两个方面,来阐明责任归因中的"是什么"和"为什么"问题。

在西方,"责任"与宗教关系密切——这很好理解。朋霍费尔认为,"'责任'(德语 Verantwortung——笔者注)意指人对上帝在耶稣基督里的启示所作出的最全面、纯全和认真的'响应'(德语 Antwort——笔者注)"。朋霍费尔指出:"上帝不断地呼召、引领人进入耶稣基督的生命、死亡和复活里面。上帝要人'响应'这神圣的号召。因此,责任就是人对上帝召唤的'响应'。"而其具体形式则是"责任性的行为"(德语 Dasverantwortliche Handeln),"责任性的行为是'塑造'过程中重要的生命原则,它是与基督的

---

① Andre J. "Nagel, Williams, and moral luck". Analysis, 1983, 43(4): pp. 202-207.

② 作为概念引入,本段在作者系列论文中都有呈现。例如《"善良"还是"软弱"——道德责任归因的经验证据与人际差异》,《当代中国价值观研究》2019 年第 6 期,第 24-30 页。以及《你我有别:关系如何影响道德责任归因》,《长沙理工大学学报(社会科学版)》2020 年第 4 期,第 23-29 页。

实体相符合的行动"①。这又包括(1)平时的责任和(2)特殊处境时的责任这两类。平时的责任行动是要遵循上帝的诫命,包括工作、婚姻、"政府"的命任和与之略有不同的"教会"的命任;特殊处境的责任则是要求"真正的无辜":"真正的无辜不是要洁身自爱,而是甘于将他人的罪孽放在一己身上。这正是代理人理应承担的责任。"②例如,宁可违背康德所主张的"任何情况下都要讲真话"的要求也要撒谎救下为躲避追杀者而紧急避难的朋友——"爱你的邻居"。这一切,都是因为我们要成为"负责任的代理人",这是一种"神性的责任",是我们对"上帝"所负有的责任。

另一方面,我们又都是"存在的牧羊人"(shepherd of Being),负有照管这个小小世界的责任——我们可不是普通的"雇工",在"狼来了"的时候,雇工可以"马上丢下羊群,撒腿就跑",但牧羊人不可以——"好的牧羊人为了羊群不惜牺牲生命"。③"照顾其他的人就是照管所有的生物,照管存在",因为照顾他人乃是"伦理道德的普遍的引导性(orientative)原则"④,而对这个世界负责的一个必要的前提是能进行责任归因——当狼来吃羊的时候,我们知道其中的善恶;此时如果某一个牧羊人跟雇工一起跑掉,牧羊人可能遭遇不同于雇工的惩罚;这就是责任归因。责任归因是我们的日常——大多数时候还是自发、自动的行为准则。

在当代,更多的时候,日常的意义上,我们需要负的是一种世俗化而非神性的"责任",是对自己、对他人、对社群和对自然环境的承诺、响应、照护与奉献;本文所要讨论的正是这样一种世俗意义上的"责任"(Responsibility),也是一种伦理学意义上的责任——"道德责任"(Moral Responsibility)。当然,面对饿狼,世俗中的牧羊人如果跟着雇工一起跑掉

---

① [德]朋霍费尔著,胡其鼎译:《伦理学》,上海:世纪出版集团上海人民出版社,2007年版,第15页。

② 见Ethik页260-261,直接转引自曹伟彤《中译本导言》,[德]朋霍费尔著,胡其鼎译:《伦理学》,上海:世纪出版集团上海人民出版社,2007年版,第19页。

③ 《新约·福音书》,约翰福音,10-13:"10盗贼来,无非要偷窃,杀害,毁坏。我来了,是要叫羊(或作人)得生命,并且得的更丰盛。11我是好牧人,好牧人为羊命。12若是雇工,不是牧人,羊也不是他自己的,他看见狼来,就撇下羊逃走。狼抓住羊,赶散了羊群。13雇工逃走,因他是雇工,并不顾念羊。"

④ [匈牙利]阿格妮丝·赫勒:《道德哲学》,王秀敏译,北京:北京大学出版社,2003年版,第49页。

很可能也将面临不同的责罚。

底特·本巴赫尔(Birnbacher Dieter)指出:"由于此概念(责任——笔者注)本质上是后顾性的,因此也可以称之为事后责任。事后责任是这样一种责任:认为某人应对其某一行为负责,这一行为的不良后果就是由他过去的过错或失职而造成的。"由于"事前责任""常常只是'职责'和'义务'的一种语言学变形",因此本处并不打算讨论"事前责任"。① 而"伦理学意义上的事后责任则是指行为者 N 要解释和证明他相对于道德准则的行为,这一套道德准则是 N 所采取的,或是 N 在实施某一行为时所考虑到的",底特·本巴赫尔指出,"道德责任则是行为者自律的结果,它通常通过行为者的自我约束而实现",道德上的"事后责任"需要满足如下的四个"条件和标准"(同样适用于法律上的"事后条件"):

(1)将被认为有责任的个体等同于实施行为的个体;(先决条件)

(2)能够自由行动构成;(它不仅是责任的条件,而且也是不同程度责任的根据)

(3)不伤害他人或不让这种伤害发生是出于某种义务。

(4)在行为与行为者应负责的伤害或其他的恶之间,存在着一种因果关系。②

不过,"责任判定"显然不只限于"归责",同样也包含"归功",而且后者构成了责任归因一个值得重视的方面。对此,我们也将给予适当的讨论。

1.2 责任归因的特点和类型

由于伦理学中的责任主要指"道德责任",因此本书中的"责任归因"(Responsibility Ascriptions 或 Responsibility Attribution)也就主要指"道德责任归因"(Moral Responsibility Ascriptions 或 the Attribution of Moral Responsibility)。曹凤月对"道德责任"从社会关系、社会交往、主客观等角度进行了讨论,认为"道德责任"是"理性人在社会生活中产生并形成

---

① 底特·本巴赫尔:《责任的哲学基础》,《齐鲁学刊》,2005 年第 4 期,第 127-129 页。

② 底特·本巴赫尔:《责任的哲学基础》,《齐鲁学刊》,2005 年第 4 期,第 128 页。

的人和人之间主动调节、合理对待的一些规定。这些来自社会关系又伴随着主观认同的规定成为道德责任的内容"①。我们认为,道德责任归因是指依据行为者的特定行为或疏漏而在道德上值得称赞与奖励、责备或惩罚的状态,以及对责任(或荣誉)进行认定与划分的过程。简言之,是对责任(及荣誉)进行认定与分配的过程。

借用艾宾浩斯(Hermann Ebbinghaus)的表达方式,我们可以说,"责任归因虽有一长期的过去,但仅有一短期的历史"。心理学家通常将弗里茨·海德(Fritz Heider)1958 年出版的《人际关系心理学》一书视为"责任归因"一词的最早提出,显然这与心理学是一个太过年轻的学科有关——你当然不能指望一门于 1879 年的莱比锡大学诞生的学科在 1781 年的哥尼斯堡就讨论这个问题,毕竟,威廉·冯特(Wilhelm Wundt)不是伊曼努尔·康德(Immanuel Kant)——当然也不必。心理学由于其客观性特别是工具上的优越性已经越来越超越哲学的发展,这是后来的事。哲学对责任归因这么重要的论题自然有着长久的关注,所以打算对"责任归因"这个论题有所贡献的人对其历史的追溯显然应该在哲学而非心理学范畴进行。

责任归因是如此重要的一个问题,以至于关于它的哲学讨论从未中断(正如我现在正在进行的)——从"哲学"很久之前的开端到现在再到未来"哲学的终结",在这个问题上我们"不断进展",(至少目前)却始终未能抵达终点,得到一个所有人都能接受的基本共识。道德责任归因在哲学史上当然不是一件新鲜事。亚里士多德指出道德责任要归于"理性主体",理性意味着人的行为是有目的、自愿选择的。这某种程度上为后来的"选择的可能性原则"(PAP)提供了一个历史悠久的基础。"尽管亚里士多德的世界秩序已经破裂,但是它并没有将美德(和恶习)带到历史的坟墓中。"②维也纳学派奠基人莫里茨·石里克(Moritz Schlick)指出,"伦理学的中心问题是对道德行为的因果解释",③也就是研究"责任归因"问题。在石里克看来,"伦理学是一种事实的解释,伦理学的中心问题是解释道德行为的原因"。研究"实际被视为行为准则的东西是什么"的规范伦理学问题"空洞无味",而研

---

① 曹凤月:《解读"道德责任"》,《道德与文明》,2007 年第 2 期,第 84 页。

② [匈牙利]阿格妮丝·赫勒:《道德哲学》,王秀敏译,北京:北京大学出版社,2003 年版,第79 页。

③ 万俊人:《现代西方伦理学史(上卷)》,北京:北京大学出版社,1991 年版,第 399 页。

究"它为什么被看作是行为准则"的问题则导向深刻性。①

较之"自由意志（free will）"被批评为"哲学史上一个臭名昭著的问题"，"责任归因"问题的待遇就好太多了，虽然许多时候二者关系密切。关涉自由的道德责任有一种经典表述："只要行为当事人在存在自由选择条件下，自由选择行为意愿和行为实施模式，自愿做出某一行为，他就要为这一行为承担道德责任。"②这一模式可以简单概括为：自由则需负责任，有时也在相似的意义上被表达为"无自由，则无责任"。这种与"自由"高度捆绑的道德责任模式，一方面肯定了"自由意志"的重要性，另一方面，则具有某种现实政治意义：凸显了自由民主的重要性。③ 由此原则，我们不难得出：一个专制的国家必定是一个不负责任的国家（因其无自由），一个威权的国家必定是一个不道德的国家（因其乏"自愿"）。

责任归因从不同的维度考察，具有不同的类型。（1）从归因的对象考察，包括"自我归因"（intrapersonal atribution，亦称"个人归因"）和"人际归因"（interpersonal atribution，亦称"他人归因"）。前者为"对自身行为结果的原因的直觉"，后者则为"对他人行为结果的原因的直觉"④。（2）从归因的价效上看，可以区分为"荣誉归属"与"责任归断"，即区分是该"奖励"还是"问责"；斯金纳（B. F. Skinner）认为，较之"责任归断"，"荣誉归属"可能是更加重要和有意义的内容。"道德责任也无须只包含'不好的'反应（例如愤怒和憎恨，或者谴责和责难）；此外，它还包含着一系列'积极的'反应，例如尊重、表扬和爱。"⑤这种对"荣誉归属"的关注其实是道德责任归因的"另一面"，是责任归因长期遭遇忽视的重要内核。（3）从归因结果来看，可以区分为"问责式归因"与"免责式归因"；即结果不仅包括负责条件，同样包括"免责条件"；关于"免责"条件的讨论是当前研究的一个热点。（4）从逻辑上，可以区分为"直接原因"与"间接原因"，或称"近因"与"远因"；"近因"/"远因"

① 万俊人：《现代西方伦理学史（上卷）》，北京：北京大学出版社1991年版，第398页。

② 王群会，龚群：《道德责任归因中的自主性问题》，《天津社会科学》，2009年第4期，第43页。

③ 民主不仅涉及政治参与方式，更要求包含某些基本的利益分配模式。零门槛的"民主"易于导向民粹主义，一种较为健康的民主可能内含着某种最低限度的要求，比如对程序本身的基本尊重，等等。

④ 张爱卿：《人际归因与行为责任推断研究综述》，《心理与行为研究》，2004年第2期，第447页。

⑤ 转引自曹凤月：《解读"道德责任"》，《道德与文明》，2007年第2期，第86页。

当然也可以作为时间上的一种区分。

在哲学中,对责任还存在一种常见或者"首要"的区分:"因果性责任"(causal responsibility)与"道德性责任"(moral responsibility)[①];简称"因果责任"与"道德责任"。这个区分则与哲学史上"臭名昭著的"(notorious)自由意志问题有关。当我们讲"责任归因"的时候,一般主要指"道德责任",但是经常也内在地包含了"因果责任"。为了论证的清晰,在这里我们将"责任归因"区分为归"因"(causal responsibility)与归"责"(moral responsibility)两个不同的部分,"归因"主要"查清"因果关系,"归责"主要阐明"道德责任";当我们未加区分地合用的时候,则一般同时包括"归因"与"归责"的双重过程。

1.3　后果主义与义务论的冲突

在道德责任归因的问题上,哲学家们在行为的"动机"与"后果"之间纠结了很多个世纪。他们发展出了相应的归因理论——"后果主义"(Consequentialism)与"义务论"(Deontology);以及一种超越具体归因的"德性伦理学"(Virtue ethics,或称"美德伦理学")。

"义务论"又称"道义论",主张道德正确性的获得是由于道德上"善的动机",不正当则是"恶的动机";后果主义则强调"结果",根据结果来进行道德上好坏的评价。至于德性伦理学则是一杆生活的标尺,"美德被理解为某种稳定的品格特点或行为倾向,而按照美德来行动被认为有助于促进某个目的,或者把某个目的体现出来"[②]。我相信读者已经在预期一种"调和"的理论了,的确如此,在"动机"与"后果"两端之间存在一种"调和的可能"。

例如普通公众的理解。"这三种理论之间的根本差别并非体现在它们所使用的概念上,而是体现在它们对有关概念的理解、它们对道德的本质和目的的设想上。"道德哲学家们建构了前述三种不同的归因理论——尽管这

---

① David W. Concepcion. "Moral luck, control, and the bases of desert". The journal of value inquiry, 2002(36):456. 转引自雷传平:《道德运气研究》,广州:中山大学出版社,2016年版,第23页。

② 徐向东编:《后果主义与义务论》,杭州:浙江大学出版社,2011年版,第1页。

些理论的解释力和预测力都各不相同,那些本该"被指引"或"被约束"的公众既不重视甚至也都不知道有这些理论;最糟糕的在于,就连提出这些理论的人自己在生活世界中也经常违反他们自己的理论——如果不是从未遵守的话;不过这都不重要,重要的是这些说法符合"理论的标准"就行了。毕竟,除了康德,很少有自己的生活跟自己的理论完全一致的哲学家——或学者。纽约大学哲学系教授塞缪尔·谢弗勒(Samuel Scheffler)指出,"没有哪一种独立的道德理论是明显正确的。所有这些理论都需要某种辩护。"这一方面表明了当前在任何重要的论题上都缺乏有意义共识的"哲学混乱"(Philosophical confusion)局面,另一方面也表明我们的哲学缺乏基本的共识达成机制——这些论题对彼此的批评可能都是成立的,因为这些理论——都可以是"错的"。"错的"在这意指,无法如其所是地跟事实契合,比如,一个全称命题轻易地碰到了一大群反例。哲学家好像很乐于提出无法得到验证的全称命题——这些全称命题在过去还经常为他们带来声誉。不过在这里,我们关心的并不是哲学家们建构起来的种种责任归因的理论,而是收集一种"科学理论"的事实材料:普通公众事实上是如何进行责任归因的?我们关心他们的动机、理由、倾向和评价。我们并不特别关心后果主义、道义论和德性伦理学如何"构成西方道德哲学中三足鼎立的局面",并且认为有时候理论这玩艺儿已经走得太远以至于忘记了为什么出发:在完全脱离实际和实践的空中楼阁中哲学家们彼此论战(如果大胆一些,可以称这个阁楼为"道德哲学Ⅰ");我们则试图搞清楚:普通公众现在是如何进行责任归因与道德判断的?以及更一般意义地,原因、理由与解释——理论太多,事实明显不够用了。例如,在"自由意志与决定论是否相容"(核心是"决定论与责任是否相容")的问题上,哲学理论就有不相容、新相容和"半相容"等解读,而各种解读内部常常又可以根据立场划分出"强/弱"来——然而,与"真相"相符的顶多只有一种,或一类。好在,公众完全无须理会这些佶屈聱牙的争吵也可以自由地做出他们自己的判断,并且对哲学家那傲慢的论断付以不屑的一哂。

1.4 责任归因的前提与基本预设

责任归因需要必要的前提。王群会、龚群等指出,一个能够承担道德责任的人必须具备如下三个条件:

(1)自决。(即"行为当事人存在选择和作出决定的自由","有两种或两种以上的选择能为当事人提供选择"。)(2)自控。("行为当事人的行为选择必须是在自己的意志下执行的",且能够依自决的意图就行调整。)(3)自觉或自知。(行为当事人能够对自己行为的结果有合理的预测,"不能以对自己行为的可能结果一无所知而推卸自己的责任"。)

事实上,第一条的"自决"包括了"不在压力条件下作出决定"的要求,除此就是哈里·法兰克福所提出的著名的"选择的可能性原则"(the principle of alternate possibilities,PAP)了。第三条的"自觉"是一种道德判断的"公设",我们默认和预设了所有人都具有这样的一种能力,而无论他/她是否真的具有这样一种能力。在法律上,缺乏此种能力常常能获得对于惩罚的后果某种程度的豁免;道德上当然也是这样。但这种豁免是"特例"——例如儿童和精神病患者,通常我们依然认为这种"自觉"是每一个具有理性的人的"标配",这种"自觉"将理性视为人类的"标配"和道德的前置条件。"作为"/"不作为"并不与"负责"/"免责"相对应。换言之,"作为"的后果可能是"负责"或者"免责","不作为"的后果同样可以是"负责"或者"免责",两类之间不存在对应关系。事实上,"作为"与"不作为"有各自的"负责/免责"条件,以至于分别发展出一整套理论:PPA VS PAP。也就是关于道德责任归因的一套颇具影响的方案,即"可作为原则"。前一原则"直接涉及的是行为当事人的'作为'(action)在道德上的负责或免责条件;后一原则直接涉及的是行为当事人的'不作为'(unperformed the action 或 failed to perform the action)或'懈怠'(omission)在道德上的负责或免责条件"①。

由此可见,经典理论中的责任归因与"自由"、"控制"有着特殊的关系。

---

① 高湘泽:《道德责任的负责和免责条件——评当代西方两种道德责任归因理论》,《中国人民大学学报》,2005 年第 4 期,第 47 页。

我们强调"经典理论中"是因为,我们将要对此类理论的"前提"和关键命题进行必要的考察。如果责任归因和道德哲学主要是文献综述工作的话,我们打算换一种方式来做。

责任与道德是傲慢哲学家和普通公众共享的。

这是我们的基本预设。"道德哲学家不是对人的弱点、自负和愚蠢发出怨恨和戏谑的道德家"①。因为他们自己同样也是有这些弱点的"人",一模一样。

哲学家阿格妮丝指出,"哲学家和听众必须共享某种既在道德上相关也可能为相互理解提供基础的东西。然而,这种'东西'无须成为统一实体的成员身份,无论这一实体是宗教团体、家庭、国家、阶级、社会等级、民族,还是人类。这种'东西'或许也能成为所有这些团体中的非成员身份。"②阿格妮丝认为就道德哲学试图回答"好人存在何以可能"这一点而言"的确总是对话式的(dialogical)。诸多哲学与好人们进行着一系列的对话,因为它们不能以其他方式为想要以道德理由决定和行事的行动者提供行动纲领"③。

诺博托·霍尔斯特(Norbert Hoerster)指出,道德是普遍的,"由于道德符合'与生俱来的感觉',因此道德只能是普遍有效的,就像规范一那样"④。然而事实上,很难找出来自西奈山的上帝的法令。即使著名的"道德黄金律"(即后文的"黄金定律")——尽管其两个版本(无论是其肯定形式"如果人们希望他人用某种方式对待自己,那么他们就应该用同样的方式对待他人"即"己所欲,施于人",还是其更为著名的否定形式"己所不欲,勿施于人。")被称为"一个被全面理解的原则的两个相互补充的部分"⑤——也应当只被视为一种普遍偏好而已。诺博托·霍尔斯特(Norbert Hoerster)

---

① [匈牙利]阿格妮丝·赫勒:《道德哲学》,王秀敏译,北京:北京大学出版社,2003年版,第27页。

② [匈牙利]阿格妮丝·赫勒:《道德哲学》,王秀敏译,北京:北京大学出版社,2003年版,第5-6页。

③ [匈牙利]阿格妮丝·赫勒:《道德哲学》,王秀敏译,北京:北京大学出版社,2003年版,第27页。

④ [德]诺博托·霍尔斯特(Norbert Hoerster)著:《何为道德:一本哲学导论》,董璐译,北京:北京大学出版社,2014年版,第19页。文中"规范一"为"用煤气炉杀死孩子是罪恶的行为。"

⑤ [德]诺博托·霍尔斯特(Norbert Hoerster)著:《何为道德:一本哲学导论》,董璐译,北京:北京大学出版社,2014年版,第51-52页。

明确指出,"仅从黄金定律中无法推导出唯一的、内容清晰的指令,或者说独一无二的命令或禁令"。尽管通过对这一定律"注入"(霍尔斯特语)个人偏好这一前提,"对于每一个将这些定律用于自己生活中的人来说,他是完全可以从中领会到内容非常确定的指令的"①。因而,"黄金定律只能作为创建道德的纯粹形态上的原理","只有进一步与某些特定的人的偏好这一前提条件结合在一起,黄金定律对这些人来说才是可以遵守的内容确定的道德规范"②。换言之,即便"道德黄金律"也无法直接被遵守。

"道德"和"责任"概念为哲学家与公众所共享,这是我们的基本预设,对此我们也将给出必要的证据。哲学家与公众共享道德的概念、范例和基本的推理过程。

为了防止我们的基本预设被推翻从而导致本书中实证部分的内容全体失效的可怕后果,我们提出:(1)没有"哲学家的道德"而只有"人类的道德"——不存在专属于哲学家群体的特殊道德;(2)即使真的存在某种只属于哲学家、只为哲学家群体共享的特殊的道德和责任归因模式,我们也将无视这一特殊类型而继续只关心普通公众的道德和责任归因模式;并且将我们实证部分的有效性缩限到哲学家之外的普通公众之中。在此前提下,我们将对一些经典的责任归因命题进行检验——我们检验的对象是(可能)包括了哲学家在内的普通公众。毕竟任何一个时代,哲学家在人群中都像哲学家头顶的头发一样稀少(刚刚结束的2018北京世界哲学大会的会场可能会构成一个不引起大麻烦的反例),我们在进行检验的时候没有专门区分他们的身份是不是哲学家,因为正常而言哲学家在人群中总是凤毛麟角的极少数派。

---

① [德]诺博托·霍尔斯特(Norbert Hoerster)著:《何为道德:一本哲学导论》,董璐译,北京:北京大学出版社,2014年版,第52页。黄金定律面临麻烦可以通过霍尔斯特提供的这些具体的例子看得更清晰:"规范二:B无所谓别人是否偷他的东西,因此B也可以偷别人的东西。规范三:因为C出于自尊而不愿意在危难的时候接受别人的帮助,所以当别人遇到困难的时候,他也可以不用帮他们。规范四:因为有女性用某种方式折磨了D,所以D可以(而且应该)用同样的方式折磨女性。规范五:如果E不希望其他人与他竞争,那么E也不应该对其他人构成竞争。"这些案例见于《何为道德:一本哲学导论》第53-59页。其中第52页的"规范一"("因为A不愿意别人偷他的东西,所以A也不许偷别人的东西。")是唯一符合"黄金定律"本意的表达模式。

② [德]诺博托·霍尔斯特(Norbert Hoerster)著:《何为道德:一本哲学导论》,董璐译,北京:北京大学出版社,2014年版,第54页。

1.5　留给本书的核心问题

哲学家们热爱概念分析的工作,他们建构出了一栋辉煌宏伟的"道德哲学大厦"——里面分布着许多陈列各式各样道德理论的房间——来解释人类的道德判断和居于其核心的责任归因;我们同样热爱这份工作和这个大厦,甚至也想进去占据一席之地;但是进去之前,我们想先看看这座大厦的地基是不是牢靠,是不是建立在流沙之上,是不是墙体已经开裂变形,以及,是不是大地震即将到来。

就像法官断案,我们首先需要的是:清晰的法律事实。有必要对责任归因与道德判断的若干关键事实进行确认或否证,再行论证。这些才是值得我们未来考察和检验的概念、问题和命题。①

如果支撑起这座道德哲学大厦的一些关键性预设被发现是有问题的,那么我们有理由怀疑这座"祖传的大厦"的建筑质量和建造工艺,还需要根据损毁程度决定:是要修修补补呢,还是另起炉灶再建一座? 不过这么重要的决定或许有待留给其他人的后续研究来完成,我们所能做的只是对关键命题——这座"道德哲学大厦"("道德哲学Ⅰ")的梁柱进行必要的质检;主要办法则是"诉诸公众";这种质检的合法性我们已经在实验哲学系列论文中进行了辩护。当然,也不排除在这样一个新的基础上重建一个新的"道德哲学小屋"("道德哲学Ⅱ")的祈望。但无论如何,"生活世界"中清晰而明确的道德事实,将是所有一切道德哲学理论展开的必要基础——而非任何关于责任归因的"道德想象",或者其典型替代——"哲学标准人"。

---

① 具体而言,本书将进行如下工作。分析或提出概念:(1)直觉、哲学家直觉;(2)"哲学标准人"与"生活世界人";(3)"行动者品质"与"旁观者姿态";(4)"行动的逻辑"与"解释的逻辑"。考察问题:(1)直觉(以及"道德直觉")是普遍的吗? 直觉是否存在"多样性"?;(2)哲学家的直觉具有相对于公众直觉的优越性吗? 或者更好的代表性?;(3)自由、自由意志是道德责任的前提条件吗?;(4)选择的可能性原则及哈里·法兰克福的修正能否成立? 实证检验:(1)"决定论"与"道德责任"是否兼容;(2)"控制"是不是责任的充分或必要条件;(3)"部位"与"控制"谁更重要;(4)"道德事实"与"道德运气"的真实关系。以上部分问题,在本书得到了初步的解答。然而更加全面、深入的研究特别是实证研究仍然是必要且有益的。

2　实验哲学的工具合法性研究

历史地看,哲学与科学之间并不存在今天这样的鸿沟。

哲学问题原则上都可以转化为"科学问题",而所有的"科学问题"一开始的时候都还只是"哲学问题"。哲学是科学的童年,而科学是哲学的壮年。在绝大多数哲学问题上,拒绝科学化意味着抗拒成长;对几乎所有科学而言,否认哲学性的开端则意味着科学史的虚无与断裂。科学与哲学密不可分,但不能相互替代。

约翰·赛尔(John R. Searle)指出,科学与哲学之间并没有截然分明的界限:"二者在主题上都是一般性的,并且都以真理为其目标。"①在文艺复兴之前,最杰出的哲学家往往也是最优秀的自然科学家,这是约书亚·格林所称的"过去的美好时光"。后来,造成二者分离的是研究方法而非研究对象。那么,具体如何判断一个问题是不是一个哲学问题? 在赛尔看来,哲学问题应当同时具备这三个特征:(1)哲学问题大体上都缺乏令人满意的、系统化解决方案;(2)哲学问题更倾向于与宏大的体系(framework)而与非特定的、具体的问题有关;(3)哲学问题往往与概念相关,如"心身问题"。需要注意的是,随着研究的进步,有些特征可能转变或者消失。

现实中,哲学接纳了科学"暂时"不能解决的问题。随着科学的进展,我们或许可以提出一个略显激进的观点:"在未来,所有的哲学问题都将是科学问题。"——事实上,一旦我们发现用一种系统化的科学方法来解决某个哲学问题,我们就将其改称为"科学问题";如果发明了系统化的方法解决全部的哲学问题,哲学终将消失。赛尔认为,以这种方式"终结哲学""正是从

---

① Searle J R. "The future of philosophy", *Philosophical Transactions of the Royal Society of London. Series B: Biological Sciences*, vol. 354, 1999(1392), p. 2069.

古希腊以来哲学家们的终极梦想"①。例如,我们希望有一天,"责任归因"的哲学问题能够转化为一种"渐进式"可解决的"科学问题",而今天,借助实验方法开展哲学研究的"实验哲学"(Experimental Philosophy,或作"X-phi")有望让我们最大限度地抵达这一目标——至少也将对传统的思辨哲学(Armchair Philosophy,或作"A-phi")以一种"根本不同"的方式有所助益。"实验哲学"的实验包括:(1)虚拟/假想实验;(2)物理实验两大类。前者主要是计算机模拟和仿真实验;后者包含认知神经科学实验以及作为当前实验哲学主流的"直觉探查"(intuition investigation)实验。至于"思想实验"(Thought Experiment),它具有思辨哲学的全部典型特征却缺乏基本的"实证"要素,只能在一种最宽泛的意义上被接纳为哲学"实验"。这种意义是:作为"实验工具"提供场景引发被探查的直觉。当前实验哲学最主要的实验方式是"直觉探查",利用具体的场景诱发反应,通过考察人们的直觉运作的特征来揭示规律或解决问题。这有望使一些重要的哲学问题获得比"思辨哲学"方案更好的解决。毕竟,重要的是"问题解决"而不是"研究方法"。

2.1 哲学工具与"思辨哲学三件套"

"哲学问题"典型地具有宏大、概念化的特点,解决哲学问题经常缺乏必要的实证手段。这与传统哲学所采用的工具有关。

长期以来,直觉与逻辑一直都是哲学研究特别是"主流"哲学研究的基本工具,哲学高度依赖哲学家的"沉思",依赖他们的"直觉",依赖作为思维工具的逻辑。直到 20 世纪,哲学家们才"重新发现"了"作为哲学家的世界"的"语言工具"。自此,直觉、逻辑与语言成了哲学的主要工具(恐怕还得加上一把安顿屁股的"扶手椅"(Armchair))。直觉是哲学探索的主要方法,是"发现(触发)工具";"语言"是"表达工具",逻辑则是检验并保证发现与表达本身可靠性的通用工具,是"辅助型"工具。直觉、逻辑与语言,构成了传

① Searle J R. "The future of philosophy", *Philosophical Transactions of the Royal Society of London. Series B: Biological Sciences*, vol. 354, 1999(1392), pp. 2069-2070.

统哲学的"工具三件套",不妨称之为"思辨哲学三件套"。

借助这套工具,哲学家们就可以坐在舒适的扶手椅上展开他们的工作了:思辨,特别是概念分析。"自柏拉图以来的西方思想中,概念主题在哲学中具有中心地位"。① 思辨的概念分析长期以来占据了哲学的核心地位,塑造了哲学的"思辨"形象和哲学家的"思辨者"("思想者")公众形象——就像智能手机里的"电话"图标使用的是公众熟悉但已很少使用的"听筒"一样。简言之,传统的哲学的工具三件套是直觉、逻辑与语言;传统哲学是一种"思辨的哲学"(Speculative Philosophy);相应地,哲学家的基本工作就是"坐在扶手椅里沉思"。

哲学虽然研究方法论,但哲学自身方法论上的进展却非常缓慢。大量的哲学家忠实地继承了"祖传"的直觉——并默认这种肉身工具的精确可靠。长期以来,工具对哲学的重要性遭到了普遍忽视:工具决定了哲学操作的范围,工具甚至框定了哲学视野,我们忽视了工具对于哲学研究的限制。这种限制在思辨哲学中得到了充分体现:直觉难以验证,语言不够精确,逻辑的问题解决域有限;思辨哲学过于依赖个体经验和个人积累。这种工作方式达成的结论,往往缺乏必要的直观性和普适性,缺少实证证据的支持和必要的客观性;因而在越是重要的哲学问题上,就存在着数量越是庞大的"不同观点"。普林茨指出:"哲学中的论证经常蜕变为对直觉的兜售,因为对立意见的捍卫者对冲突的问题有着同等的自信。"②

以著名的"自由意志"(free will)问题为例——这既是形而上学基本问题,也是道德心理学基础问题,然而,汗牛充栋的思辨文献甚至从未给出"我们的自由意志到底是什么"的准确描述! 例如,就生理基础而言,自由意志是一种"当下"的真实体验还是"过去"意志体验的"主观转指"(back referral)?("主观回指"意指"过去"的经验被人脑的"回指"操作到了"现在",我们主观的"当下"(the now)事实上是 500ms 之前的一个感觉事件的

---

① Prinz J. "Empirical philosophy and experimental philosophy"//*Experimental philosophy*,New York: Oxford University Press,2008,p.190.

② Prinz J. "Empirical philosophy and experimental philosophy"//*Experimental philosophy*,New York: Oxford University Press,2008,p.191.

"当下"，因而我们的"当下"体验总是延迟和滞后的[①]，我们不可避免地永远生活在过去，没有谁能真正"活在当下"。）这样一个重要神经生理学事实——这是自由意志"时间真实性"的根基——哲学家们简直是在流沙上搭建巴别塔，一边徒劳无功一边向路人邀功："嗯，这就是哲学，我们总是在解决对人类而言永恒的问题！"哲学家罗伯特·诺齐克坦陈："多年来我一直费尽心机思考自由意志的问题，大概除了有关伦理学基础的问题外，我花费在这个问题上的时间最多。……我不得不承认，自由意志的问题是最令人头痛、最难以把握的问题。"[②]但是更多的思辨的哲学家却"一直在工作，不停有进展"。

思辨哲学的这一特点与科学正好相反：科学上，重大的问题不是已经达成了共识就是正走在达成共识的路上（当然，共识可能具有不同的理论形态，如微积分等效的牛顿形态与莱布尼茨形态）；哲学上的重大问题呢，不是已经产生了分歧就是正走在产生分歧的路上——让我们简单回顾一下吧，中国哲学史上关于"知—行"关系的持久争论，西方哲学史上"经验论"与"唯理论"长达千年的分歧，语言哲学中关于指称的"描述主义"与"因果—历史"理论的尖锐对立，等等。事实上，对任何一种哲学主张来说，几乎都存在与之对立的理论观点；即便不是根本对立，至少也要分出个"强/弱"来——在思辨哲学的视野中，就连"实验哲学"也有了"激进的实验哲学"/"温和的实验哲学"之分——不过实验哲学内部对此付之一哂："他们喜欢搞概念就让他们去搞吧。"

是什么导致了这样一种有趣的差别？我认为，是工具。

理论工具的特点限制了对研究对象进行操作的可能；工具所限，哲学家只能因陋就简进行有限的操作。例如在"自我指涉"的语义悖论问题上，由于语言工具所限；哲学家只能从语形、语用特别是语义三方面进行语言学上的粗糙处理——在以语言形式静态呈现时，可以在我们的理智中形成一种"精细"的假象。适当哲学工具如计算实验已经发展了出来，借此我们得以一窥语义学悖论问题的复杂性及其机理。"通过计算模型，可以给出更加形

[①]　Libet，Benjamin，et al. "Subjective referral of the timing for a conscious sensory experience." *Neurophysiology of Consciousness*，Birkhäuser Boston，1993，pp. 164-195. 这个发现是由神经科学家、实验哲学家本杰明·里贝特做出的。

[②]　转引自徐向东编：《自由意志与道德责任》，南京：江苏人民出版社，2006年版，第4页。

象的整体性刻画,从而揭示原先无法认识到的深层内涵······它可以使悖论及其语义性质更清晰、透明,使隐含的结构更直观,并使人利用模型发现新假设、新方法、新问题和新困难所在"①。"语义分析"是静态分析,计算模拟却可以引入动态性,由此,自我指涉语句的复杂性在这一动态过程中得以充分展开。思辨哲学的这一缺陷是静态语言工具的固有缺陷,只要是"语言工具",无论谁来使用、如何使用,都会面临这种不足。

2.2　哲学直觉:多样性与可变性

如果思辨哲学三件套仅限于"低效"的话,或许还是可能忍受的,提倡新工具的"另一种哲学"也不会这么快地站稳脚跟。在思辨哲学中,"直觉"如此基本而重要,以至于我们视之为理所当然:我们用直觉构造理论、用直觉发现证据、用直觉反驳对手,却极少反思直觉本身是否足够可靠。思辨哲学家常常把他们的理论建立在特定的直觉之上,但实验哲学提供了越来越多关于直觉的经验证据让他们面临尴尬:不难发现,哲学家自己的直觉其实是存在偏见的。我们有必要对哲学家直觉的来源和特点展开考察。

传统上,哲学家具有如奥古斯特·罗丹的雕塑那样一种"思想者"的形象,他们并不十分关心经验世界的事物,而是更加依赖作为自我心智活动的"思辨"的努力,这种努力的成果集中体现为"哲学标准人"。跟其他学科类似,这种思辨的哲学也发展出了以哲学家为中心的一整套独特工具,即"哲学家的工具包"——"直觉、逻辑与语言,构成了传统哲学的'工具三件套'",其中"直觉"是思辨哲学的核心工具②。"直觉"构成了众多哲学问题和哲学论证的前提或基础,因此考察哲学家们的直觉在何种程度或者哪种意义上有效,乃是一件关键而紧要的事。事实上,几乎整个传统哲学都与直觉关系密切:传统哲学的成就一半以上来自直觉的思辨;因此,对"直觉"与"哲学"关系的深入考察显得尤为重要。

我们有必要搞清楚,哲学直觉到底是什么样的? 先看"直觉"。

---

① 周昌乐:《逻辑悖论的语义动力学分析及其意义》,《北京大学学报(哲学社会科学版)》,2008 年第 1 期,第 78 页。

② 郭晓、盛晓明:《新工具与实验哲学的未来》,《自然辩证法研究》,2014 年第 7 期,第 10 页。

直觉是什么？不同的哲学家对此有不同的回答。普斯特·乔尔(Pust Joel)区分了直觉作为信念、信念的倾向等四类"直觉的本质"。① 不过，我们关心的重点并非这种划分。就代表性观点而言，至少存在"常识定义"与"模态定义"两种。然而，不少哲学家恐怕都患有"多样性恐惧症"(Diversphobia,DP)——这是我杜撰的新词。一旦承认直觉类型的"多样性"(即使只是那种"经验/理性"的有限的二分)，就会立即意识到哲学直觉将面临众多问题。普林茨指出："对立的双方对于冲突的直觉有着同等的自信"，由于不同直觉间不尽一致，就存在谁的直觉算数的问题。辛诺特-阿姆斯特朗指出："当一位哲学家诉诸一种直觉来支持某个悖论的一方时，其他哲学家可以诉诸另一些直觉来支持这个悖论的另一方。"②这个问题如此严峻，以至于会在某种程度上动摇许多基于直觉的传统哲学结论的根基。"谁的直觉算数？"堪称"思辨哲学自己都未曾意识到的核心问题"，许多哲学概念的混淆、许多似是而非并且旷日持久的哲学争论都是由对这一问题的回答不同引起的。事实上，不仅哲学家们赖以进行论证的直觉是不一致的，就连他们对直觉本身的理解也不尽一致。这种不一致主要体现为直觉的多样性与可变性。

无可否认的经验事实告诉我们，人们往往拥有不同的直觉，而且这些直觉的差异是系统性的。因此，合理的分类是必要的。思辨哲学家们的直觉似乎可以被标称为"强直觉"，即"那些有清楚必然意义和模态含义的直觉类型"，例如哲学家关于盖梯尔案例(Gettier Case)的直觉，"强直觉"被不少思辨哲学家认为是"接近普遍的某种东西"。就其路径来说，强直觉往往是一种反思型直觉；就其范围而言，强直觉通常是一种"全局的直觉"(相应地，存在"非反思型直觉"与"局部的直觉"，但这并非本书的关切所在)。按照思辨哲学家们的习惯做法，可以把与之对应的普通公众的直觉命名为"弱直觉"，这种"弱直觉"也就是"直接反应"的直觉，是一种非模态性相关的直觉。

问题在于，调查表明，那种"强直觉远非是普遍的"——甚至在思辨哲学

---

① Pust，Joel，"Intuition"，The Stanford Encyclopedia of Philosophy (Summer 2017 Edition)，Edward N. Zalta (ed.)，forthcoming URL ＝ ＜https://plato. stanford. edu/archives/sum2017/entries/intuition/＞. (2016-03-18)[2016-05-26].

② Walter S. "Abstract ＋ concrete ＝ paradox"//Knobe J，Nichols S. *Experimental philosophy*，New York：Oxford University Press，2008，p. 209.

家内部也是如此——哲学家们总是高估了他们的代表性,高估了人群中与他们"相似"的个体数量;感谢心理学家的努力,他们清晰地指出,"这种高估与自己的行为及态度有相同特点的人数的倾向性就叫做'虚假同感偏差'(false consensus bias)。"他们还进一步指出,"当你非常确信自己观点是正确的,或者是涉及某种'积极的品质或个性'时,这种效应就出现了。"温伯格和尼克尔斯等推测,大部分人实际上没有"那种直觉":30%的西方受试者不是没有强直觉就是没有弱直觉。进一步的问题在于,"强直觉"具有情境依赖的"地方性":即使"拥有强直觉"的哲学家特定情境中也会"忘记"这一直觉:在日常生活中他们往往放弃了严格模态的"强直觉",转而走向"大众直觉"。大众直觉才是他们主导的直觉,才是现实中正在进行、正在发生的东西。"强直觉"就像萝卜,"大众直觉"就像白菜,没什么优劣之分。不过,这并未直接宣告强直觉的失效,那些哲学家依然可以辩称:"日常生活中模态直觉的隐匿恰恰表明了反思型强直觉的'珍贵和价值'。难道不是吗?"

当然不是。喜欢吃萝卜不是你的错,自己喜欢吃萝卜谎称大家都爱吃萝卜,这就是傻;明知别人讨厌吃萝卜还把萝卜制定为唯一的食谱,这不仅傻而且坏。

另一方面,直觉也不是一成不变的。证据表明,直觉是可变的。例如,在"语义直觉"中就存在变化的可能性。杜普雷·斯蒂克指出,使用某些思想实验的哲学家在词项所指上把他们自己的直觉以及他们哲学同行的直觉当做是普遍的。这种(直觉的——笔者注)可变性可能会比我们所暗示的更严重。这可能表明更小的文化群体在他们的语义直觉上的不同。一个更为极端的可能是,这种可变性甚至发生在个体层面上——一个人可能在某些场合下有因果—历史的直觉,在其他场合下有描述主义的直觉。[①] 可见,"直觉"的可变性远超我们的想象。库什曼(Fiery Cushman)和米尔(Alfred Mele)给出了另一个变例,即关于特定对象的直觉经由"越来越多的考虑"会发生变化:当人们越来越多地考虑某个给定类型的情形时,他们会逐渐变得更可能把某些种类的不道德行为看做是无意向性的。这是有关直觉动态变化的线索。辛诺特-阿姆斯特朗进一步指出这种变化的一个规律:人们在

---

① Machery E, Mallon R, Nichols S, et al. "Semantics, cross-cultural style", *Cognition*, vol. 92, 2004(3), p. 53.

具体(concrete)语境中与抽象(abstract)语境中表现出来的那些直觉,普遍有非对称性。直觉是可变的。

更糟糕之处在于:问题或许不是认识论层面的,而是本体论层面的!哲学家对直觉理解的不一致可能源自直觉本身的不一致;换言之,哲学家们不是错误地理解了同样的直觉,而是正确地厘清了不同的直觉(却误以为是发生了认识上的错误)。这本来会是一个平淡无奇的提议,即我们人类具有直觉多样性;尤其是在我们已经觉察到文化乃至知识的"多样性"现象之后。然而事实并非如此,我们对直觉多样性的省察是新近十几年才发生的事情。对于一个以反省和(自诩的)知识(或称"智慧")著称的领域来说,多少有些不可思议。

尼克尔斯和诺布曾经怀疑,"在追寻世界、心灵和善的本质上,直觉是否具有优越性?"因为他们已经注意到,宗教信仰、信念、一般道德规范都具有多样性,甚至哲学中使用的基本概念也有"多样性"。他们担心,如果直觉是由主体"偶然"所处的文化背景所决定的产物,那么"唯一合法的争论是关于这种探索是否能被合法地认为是哲学的"①。比如,在指称问题的描述主义与"因果—历史"观之间,西方人比东方人更能接受"因果—历史"观。在归类上,东亚人比西方人更倾向于用"相似性",西方人比东亚人更倾向于用"因果性"。在对待知识的标准上,双方也有根本性的分歧。乔纳森·温伯格等提出的"尼古丁阴谋案例"思想实验表明,"似乎在恒河河岸被认可的知识在密西西比河岸则不被认可!"②因此,可能存在"认知直觉的文化差异"即"地方性直觉"(事实上,在"地方性知识"的概念被揭示出来之后我们应该不难联想到隐藏在它背后的"地方性直觉"的。)"人类的直觉是一致的"堪称是哲学家们的"母范式"、基准范式,所有有意义的哲学讨论都需要一个共同的前提,而"直觉是一致的"无疑提供了某种"可靠性保证"。

事实上,我们至少有不止一种的直觉类型——"……人类有两种表征体系,它们产生了两种直觉","抽象的和具体的。这些种类的直觉之间的冲突

---

① Knobe J,Nichols S."An experimental philosophy manifesto"//Knobe J,Nichols S. *Experimental philosophy*,New York:Oxford University Press,2008,pp.8-12.

② Weinberg J M,Nichols S,Stich S."Normativity and epistemic intuitions",*Philosophical topics*,vol.29,2001(1/2)p.444.

引起了许多哲学悖论"①。"这些初步的调查结果再次表明,抽象性和具体性影响哲学的直觉"②。尼克尔斯当然,与之相关的两种人类能力则是:"情感＋理性";不过,二者之间是不对称的。

直觉的多样性引发了许多问题,不妨以知识论为例。温伯格、尼克尔斯和斯蒂克等认为,赋予认知直觉以中心地位的认知策略"潜伏着一个'规范性问题'(Normativity Problem)":"为什么应该赋予'我们的'直觉而不是其他人的直觉以某种特权呢? 换言之,为什么我们的直觉产生的规范才是'知识规范'呢?"由于一般认为与"知识规范"对应的是"哲学规范"即"智慧准则",似乎还可以追问:为什么只有"哲学家直觉"思考问题的方式才是"智慧准则"呢? 没有人能够回答——部分地解决这个问题是本文的主旨之一。在此之前,我们先观察一下,"哲学准则"是什么样子的。

至此,我们自然有理由怀疑:哲学家直觉是否是普遍的? 该种哲学直觉是"共有的"还是"地方性的"? 这直接关涉到直觉的普遍性与可靠性问题。直觉在不同的人种/文化/认知模式之间,存在着差异性;在同一种人种/文化/认知模式内部,存在着可变性。

简言之:"哲学直觉"外部具有多样性,内部具有可变性;缺乏跨人种/文化/认知模式的一致性,哲学直觉的稳定性很差。

就让我们追根溯源,考察"哲学家直觉"的来源和特点吧。

2.3　哲学家直觉:特点和来源

2.3.1　直觉的影响因子

一旦我们找出包括哲学家直觉在内的直觉的影响因子的话,我们就可以更深刻地理解哲学家直觉的"所以然"了;还可以寻找哲学家直觉与公众直觉这两种直觉差异的深层机理。寻找直觉的敏感因子的工作早已展开,

---

① Walter S. "Abstract ＋ concrete ＝ paradox"//Knobe J, Nichols S. *Experimental philosophy*, New York: Oxford University Press, 2008, pp. 209-220.

② Walter S. "Abstract ＋ concrete ＝ paradox"//Knobe J, Nichols S. *Experimental philosophy*, New York: Oxford University Press, 2008, p. 221.

不过主要的进展则是最近才取得的。这一工作的终极目标是寻找一个满足定性描述精度的直觉构成函数。

就目前来看,已经发现的影响直觉的主要因素包括:社会经济、文化背景、语境、案例(路径)顺序和专业规训。

(1)经济因子

尼克尔斯和平奇等基于"直觉调查"所得的结论是:在大多数情况下,社会阶层之间的差异要远大于具有相同社会经济地位的异国人间的差异。他们顺便说,"如果你正在阅读本文,那么你被看做具有较高社会经济地位的人"[①]。——美国的哲学家对他们的读者拍了个令人愉悦的小马屁——历史上,哲学研究本是"有钱也有闲人的事业"。我原想把这个"令人愉悦的小马屁"借用过来以取悦我的评阅专家和期刊审稿人,对,还有最重要的——读者。但"审慎的反思"令我注意到,当前中国还有数十万计的每月只领取千元左右"奖学金"的可怜的博士生们——他们中的一部分"哲学生"正是我的"目标客户",这个马屁注定引发尴尬——由于直觉对经济因素表现出敏感性,这些总体上"低收入人员"显然与"较高社会经济地位的人"有着不一样的直觉。

例如,具体到知识论上,温伯格等发现,低社会经济地位的人更易于"相信"他人,而高社会经济地位的人更乐于"质疑",这几乎成了传播学与知识社会学的"次级常识"。"与低社会经济地位的受试者相比,高社会经济地位的受试者接受弱得多的知识否决因子,原因是低社会经济地位的受试者有较低的最小知识标准"[②]。(对应的社会现象则是,低社会经济地位的人更容易受骗。)然而,我们的担忧是,这种态度取向与经济地位之间是"因"还是"果"?(也就是说,是否更容易相信别人的人统计上也趋于"更穷"?)如果这一区分是真实的,那么,进一步的针对性实验可以获得更精细的结果:对刚刚从"低社会经济地位"跨入"高社会经济地位"的人(比如刚刚获得乐透彩500万大奖的穷人)的调查,以及反之,对从高社会经济地位落入低社会经济地位的人(例如一个刚刚入狱被罚没家产的贪官和他的难友,刚刚破产的

① Weinberg J M, Nichols S, Stich S. "Normativity and epistemic intuitions", *Philosophical topics*, vol. 29, 2001(1/2), p. 437.

② Weinberg J M, Nichols S, Stich S. "Normativity and epistemic intuitions", *Philosophical topics*, vol. 29, 2001(1/2), p. 447.

富翁)的调研,预期将获得一个居中的数据,这是合理推论。

　　无论如何,直觉受到经济因素的影响这一结论却是极其稳健的,进一步只需明确其影响的程度和方式。经济因素对直觉影响显著,如果最终能找到一个可以表述直觉构成的函数的话,需要给经济因素——或许包括收入和收入变化率——分配上足够的权重系数。我猜测经济因素对直觉的影响不是线性的,对经济变量与直觉差异的求导将使我们获得一条逐渐趋平的曲线;当越过某一峰值之后,经济因素对直觉的影响将趋缓。我的意思是,例如,月收入 1 万美元与月收入 10 万美元的差值对直觉的影响要远远大于月收入 10 万美元与月收入 20 万美元的差值对直觉的影响(前者的收入差值是 9 万美元而后者的收入差值是 10 万美元);甚至大于月收入 100 万美元的影响——在 10 万美元已经"足够用"的情况下。

　　(2)文化因子

　　理查德·尼斯比特(Richard Nisbett)在文化对直觉的影响方面做了杰出的工作。他发现,在包括感知、注意和记忆的许多基本的认知过程中,东亚人与西方人有巨大而系统的差异。尼斯比特等指出,东亚人和西方人的文化直觉差异性"能够粗略地归在'整体性思想对比分析性思想'这个标题下"。[①] 东亚人的"整体性思想"体现为"对作为整体的背景或场所的适应,包括对重要对象和场所之间的关系的重视,以及基于这些关系对各种事件进行解释和预测的偏好";相应地,在描述和回忆事件上,更加关注时间模式。西方的"分析性思想"体现为"把对象同他的背景分离开来,为了把对象进行归类而关注对象属性的倾向,以及使用分类规则来解释和预测对象行为的偏好"。相应地,在描述和回忆事件上,更加关注因果模式。这是一组反复确认的人类直觉差异。甚至将这种直觉差异作为"文化人种"的区分标准并无不可,差异"表示"如下:

　　不过,文化是一个太过宽泛的概念和太过庞杂的系统,因此,对其作用机理的阐明将是一件颇具挑战性的事情。

---

　　① Nisbett R E, Peng K, Choi I, et al. "Culture and systems of thought: holistic versus analytic cognition", *Psychological review*, vol. 108, 2001(2), pp. 291-310.

东亚人与西方人的文化直觉差异("文化人种")表①

文化"人种"	思想特性	归类动力	语言理论	直觉模式
东亚人	整体性	相似性	描述理论	(倾向于)弱直觉
西方人	分析性	因果性	因果—历史理论	(倾向于)强直觉

(3)语境架构

"语境的架构和事先提供的信息也会影响直觉"。具体而言,主要指语境描述的具体性/抽象性以及情感/情绪唤起的烈度。"情绪或情感也与具体性/抽象性相互作用,因为情绪引起具体的表征,而抽象的描述则倾向于减缓情绪。"沃尔特·辛诺特-阿姆斯特朗认为,"看起来似乎是,具体表征与抽象表征之间的冲突可能在这种更大的理论中起着重要的作用。"②

需要指出两点。其一,"具体"与"抽象"并非彼此独立。在诱发直觉的案例中,几乎任何案例都会激发两种类型的直觉,而且相互交织。但"真实世界"更倾向于诱发具体直觉,这一点似乎与社会经济地位相关:"低社会经济地位的受试者都在思考现实世界,因为他们需要在那里生活,而且没有看到忽视真正的限制的要点所在。在这种意义上,他们是更为具体的。……在现实世界中他们考虑一个具体的案例,因为他们不看重抽象的推理。"③因为,现实世界总是具体的。其二,直觉与问题本身的抽象性或具体性并不严格对应。"重要的是它被如何看待,而不是它本身如何(抽象与否)"。换言之,抽象与否在某种程度上是观察者依赖(Observer-dependent)的。事实上,语境架构的具体影响早已被发现,例如知识的"语境依赖"。过去人们似乎只关心了结果的语境依赖,而没有在意引起这一结果的具体过程本身也是语境依赖的。

(4)顺序效应

认知过程中存在"顺序效应"(order effect),即认知部分地依赖于案例呈现顺序。案例呈现的顺序可能对认知直觉有实质性的影响:"许多不同的

---

① Machery E, Mallon R., Nichols S, & Stich P. "Semantics, cross-cultural style", Cognition, vol. 92, 2004(3), pp.49-50.

② Walter S. "Abstract + concrete = paradox"//Knobe J, Nichols S. *Experimental philosophy*, New York: Oxford University Press, 2008, p.224.

③ Walter S. "Abstract + concrete = paradox"//Knobe J, Nichols S. *Experimental philosophy*, New York: Oxford University Press, 2008, pp.228-229.

学习策略可能是"路径依赖"的(*path dependent*)"。① 例如,首先被呈现了一个清晰的知识案例(a clear case of knowledge)的人不愿意将"知识"归于特鲁特普案例(the Truetemp Case);而首先被呈现了一个非知识案例的被试则愿意将"知识"归于特鲁特普案例。② 斯泰西·斯温(Stacey Swain)进而指出,这种直觉的不稳定性损害了其作为证据的效力。事实上,这就是常见和需要避免的"顺序效应"。在对直觉的经验研究中,温伯格和尼克尔斯等指出,"当知识论者谈论到'我们的'直觉时,他们在文化上从事一个局部的努力,这是文化种群知识论(ethno-epistemology)"。③ 事实上,"文化种群"的出现是"地方性直觉"的一个必然后果。

(5)专业规训

包括哲学课在内的专业规训会改变学生的直觉。至于这种改变是如何发生的,暂时还没有定量的证据。此外,抽象思考的倾向与哲学课的选择之间的因果关系并不明朗。

"抽象"与哲学课之间存在着密切的互动。沃尔特·辛诺特-阿姆斯特朗指出,"哲学课可能加强他们(本科生们——笔者注)抽象思考的倾向,但是他们可能一开始就有朝向抽象的某种倾向,要不他们就不会上哲学课或者寻找更多的哲学。"哲学课作为"抽象"的"原因或结果"还是"原因和结果"? 学生可能由于本身"抽象"的偏好而选择了哲学课,而哲学课进一步强化了学生们的这些偏好。 他还指出,对于这一改变的定量测量是可行的,只是耗时较长:"只要在他们上任何哲学课前测试一年级大学生的抽象思维的程度,然后在大学四年后,再测试他们,我们就可以检查到哲学训练的数量和种类与抽象思维的改变之间的相互关系……我们也许能够分开训练的影响与先前倾向的影响。"④这怕会是一个历时甚久的测量。

---

① Weinberg J M, Nichols S, Stich S. "Normativity and epistemic intuitions", *Philosophical topics*, vol29, 2001(1/2), p. 438.

② Swain S, Alexander J, Weinberg J M. "The instability of philosophical intuitions: Running hot and cold on Truetemp", *Philosophy and phenomenological research*, vol. 76, 2008(1), pp. 138-155.

③ Weinberg J M, Nichols S, Stich S. "Normativity and epistemic intuitions", *Philosophical topics*, vol. 29, 2001(1/2), p. 454.

④ Walter S. "Abstract + concrete = paradox"//Knobe J, Nichols S. *Experimental philosophy*, New York: Oxford University Press, 2008, p. 220.

然而,提请注意,这种改变不一定就是"哲学课"所引起的,这里存在许多混淆变量(confounding variables):抑或并非"哲学课"而是数学和物理课带来了改变:在逻辑抽象的程度上,数学和物理并不比哲学更低。尤其是当今在哲学教育普遍缺乏对基本逻辑常识的重视这一背景下更是如此。然而我们已经可以看到,直觉(至少是哲学直觉)是动态的,这意味着它的可变性——从事教育的人喜欢称它"可塑性"以彰显学校规训的价值。我们都相信(并且事实上得益于):系统的哲学训练有助于形成一种相对稳定的直觉,或者至少在价值观/世界观上产生某种特定直觉的偏好,否则就不会有那么多哲学家倾向于那种稳定的"哲学家直觉"了——这是哲学范式得以确立、哲学共同体得以形成的前提。当然,我更愿意相信,系统的逻辑推理训练是达成这一目标更有效的手段——因此在理工科而非哲学所被归类的文科(因为现在的"文科"很少进行逻辑训练),将有更多的人持有这样一种"哲学家直觉"。我所进行的直觉调查的结果也支持了这一判断。

因此,如果将本处的"哲学训练"扩展为包括哲学在内的各门学科的"专业规训",或许也并无不可。

2.3.2 哲学家直觉:先天生成 vs 后天习得

直觉类型的多样性能直接说明哲学直觉的多样性是合理的吗?恐怕没那么容易。哲学家可以诘问,"弱直觉真的是直觉吗?"或者轻而易举地否决,"哦,弱直觉根本不算数嘛"。通过将公众的直觉排除在哲学规范之外,哲学家们至少形式上捍卫了哲学传统的正当性。

他们其实是在说:不管世界上有多少种直觉,符合哲学规范的直觉只有一种(或者一类);因此,在哲学上讨论人类的直觉类型并无意义——请不要越俎代庖去抢心理学家的生意。艾迪·纳米亚斯(Eddy Nahmias)指出这样脱离了"标准的哲学方法论:哲学家们坐在扶手椅上探寻他们自己的直觉,并假设他们自己的直觉就代表了'日常直觉'"[①]。所谓的"日常直觉"即"公众直觉"。因为传统上,哲学家们并不认为他们与公众的直觉有什么不同——除了更精致更细密之外。事实是不是这样的呢?我们大概需要经验

---

① Nahmias E, Morris S, Nadelhoffer T, et al. "Is Incompatibilism Intuitive"//Knobe J, Nichols S. *Experimental philosophy*, New York: Oxford University Press, 2008, p.85.

数据的支持。追根究底是传统哲学的拿手好戏,不妨借来用用,查一查传统哲学家们手中的"家伙"来历几何吧。

因此,我们的问题是:哲学家是如何获得他们之间这种接近一致的直觉的?

可能的路径有二:其一是"先天生成";其二是,后天习得。至于前者,哲学家直觉会是"天生"的吗?答案恐怕是否定的:爱德奥德·马西雷(Edouard Machery)等指出,哲学家直觉"可能是他们自己的文化和学术训练的产物"[1]。这表明:"哲学家直觉"疑似一种特殊的、"受过良好训练和自我选择的共同体直觉"![2] 可能是教师或典籍教会了哲学新手获得与前辈一致的哲学直觉;与此同时,在哲学新手成长为"熟手"的过程中,共同体淘汰了拥有"非主流直觉"的学生们:通过这种机制,最后得以形成一个"直觉趋同"的共同体。换言之,这是种"后天习得"的直觉。爱德奥德·马西雷等认为,"如果哲学本科生和研究生必须通过高强度的训练和严格的选拔,那么有好的理由怀疑,所谓的反思的直觉更可能是强化的直觉"[3]。因此,认为自己拍脑袋或不拍脑袋获得的直觉具有广泛的代表性,可能只是共同体的"自我感觉良好",或"共同体幻象"。该幻象不排除是"自我认知偏差"所致,因为演化心理学表明哪怕仅仅是完全随机地将一个群体区分为"我们"和"他们",都会导致"我们"对"我们"的评价显著"提高",甚至到一种不合情理的程度。截至目前,没有证据表明,哲学家群体是超脱于这一偏差之外的。

为什么"哲学家直觉"并不是一种可靠性得到充分保证的直觉?是因为,就其机制而言,存在一种根本性的遮蔽。尽管珍妮特·莱文(Janet Levin)这样辩护:"如果对哲学理论来说,最佳证据是'我们经过深思熟虑的'直觉——也就是说,在假定对我们直觉关于具体的案例如何与我们其他的直觉和理论承诺一致做了令人信服的广泛思考后,那些仍保持稳定的直

---

① Machery E, Mallon R, Nichols S, et al. "Semantics, cross-cultural style", *Cognition*, vol. 92, 2004(3), p. B9.

② Weinberg J M, Nichols S, Stich S. "Normativity and epistemic intuitions", *Philosophical topics*, vol. 29, 2001(1/2), p. 438.

③ Machery E, Mallon R, Nichols S, et al. "Semantics, cross-cultural style", *Cognition*, vol. 92, 2004(3), p. B9.

觉——那么,我们似乎可以获得使用扶手椅方法的大多数证据。"①她是想以思考、行为和一致性标准对哲学直觉进行筛选。好主意! 然而,一种强有力的反对意见是:莱文所称的那种哲学直觉的生产方式只是全部"哲学直觉"生产方式中并不具有优越性的一种;由于选择了该种特定的生产方式所以只能获得该种特定的哲学直觉。尤其是,一旦意识到扶手椅直觉中的"干扰因素"(例如本书所叙的经济因子、文化因子和专业规训因子等)并"深思熟虑"的话,即使那些暂时"稳定的直觉"也会失稳! 这或许是以直觉为根基的思辨哲学家不愿意看到的情况吧。

看来,哲学家直觉并非"先天生成"的;这一点上并不比普通公众后天习得的直觉有什么高明之处。 由此,在缺乏经验证据的情况下,"哲学家的直觉具有优越性,这种方案是极其自我陶醉的";这种自我陶醉在某些场合甚至可能被极端化为"直觉独裁"! 直觉问题解决中,既存在思辨哲学家的"自我抽样"——这种"自我抽样"往往还伴随着将其代表性无限扩大化的倾向(事实上,这一抽样的科学性总是非常可疑的,除此之外,自我抽样难以避免"要求特征"(demand characteristics)、"安慰剂效应"(placebo effect)和"期待效应"(expectancy effect)),也可以由实验哲学家开展对于公众的直觉调查甚至"直觉普查",某种程度上这是"集权"与"民主"的差异。通过经验方法,可以调查(乃至"普查")普通人的直觉及其相关内容;哲学家试图继续以自己事实上与公众不一致的直觉来"代言"公众直觉,这种"代言"的合法性正在逐渐丧失。

2.3.3 直觉的地方性

下面的故事或许有助于对"哲学是如何面对直觉冲突的?"的理解,虽然这可能算不上太有趣的一个故事:

密西西比河河畔的索尔·克里普克(Saul Kripke)在他的著名演讲上拿哥德尔举例之后总结:"看,是这样的吧!"——"克里普克提出了一些案例,这些案例清楚地引出与传统描述主义理论不一致的直觉"②。他的听众,一群来自同一经济—文化背景的哲学人(哲学家、哲学研究生或许还有

---

① Levin J. "Experimental philosophy", *Analysis*, vol. 69, 2009(4), p. 768.

② Machery E, Mallon R, Nichols S, et al. "Semantics, cross-cultural style", *Cognition*, vol. 92, 2004(3), p. B2.

本科生)激动地随声附和:"对,就是这样的!"正在此时,印度恒河河岸的一头牛却发出了不满的叫声,"哞——哞——",然而,没有人听出这头牛的不满;若干千年后,(在"后人类社会"幸存下来的)哲学人继续在牛吃剩的草制成的纸上傲慢地写下结论:"对,就是这样的!"——哲学家们来自一个太过同质的亚文化。

　　然而,恰恰由于文化上严重的"同质"性,使他们未能注意到这一点:他们之间对此"并无分歧",他们也无视与"外行"的分歧——倾向于认为那只是"别人的"误解。对于外部的直觉不一致(例如与"公众直觉"的纠纷),他们通常不客气地否认对方的直觉,认为对方"根本没明白问题是怎么回事儿";但这个办法在哲学家内部显然行不通——你不能老是说你的同行"压根不懂是怎么回事儿"吧?尽管他们共享了特别是作为"哲学家直觉"的反思性直觉,然而事实上哲学人之间也面临着直觉的不尽一致——直觉纠纷。以前他们都是力图否认这种母范式上纠纷的存在(哲学家也卷入了"纠纷",这实在有伤斯文),然而现在不得不面对这一事实。

　　他们又是如何解决这一问题的呢?哲学家们主要的直觉纠纷化解方式是:(1)否认对方的直觉;(2)归谬对方的直觉。面对"内部纠纷",他们通常乐于"归谬对方"——对没错你是哲学直觉,但是你的推理(嗯,也许是论证)有问题——总之你是错的。例如,沃尔特·辛诺特-阿姆斯特朗总结为办法是,"寻找一种直觉优于另一种直觉的论证""每种观点的确与对方的直觉冲突,但是内在的不一致性总是可以通过否认相反直觉的前提来避免"[1]。更多的时候,他们只是自说自话,保证了"内部无矛盾"而无视同样有影响力的其他人的直觉。欧内斯特·索萨的策略就是"归谬",例如他将另一种直觉归结为"错误"的:"我们需要一种错误理论来把那些不同意我们的人所犯的错误归结于有缺陷的体质(失明)或者糟糕的处境(光弱)。"[2]然而恐怕他过于自信了,因为索萨说的"他们"正是从此前他说的"我们"中分离出去的,这些"他们"也在说着同样的话,直接引述过来就是:"他们需要一种错误理论来把那些不同意他们的人所犯的错误归结于有缺陷的体质(失明)或者糟糕

　　① Walter S. "Abstract + concrete = paradox"//Knobe J, Nichols S. *Experimental philosophy*, New York: Oxford University Press, 2008, p. 225.

　　② Sosa E. "Experimental philosophy and philosophical intuition", *Philosophical Studies*, vol. 132, 2007(1), p. 102.

的处境(光弱)。"——"我们"与"他们"彼此互为"对方",互为"他们"。廖备水、黄华新等指出,在为了"说服对方、获得胜利"的多主体交互的推理中,"参与争辩的双方持有不同的见解,因此不一致的情形贯穿于整个过程"①。换言之,分歧长存。然而,他们这种做法连物理学家都看不下去了:"在不同时代涌现的思想体系或由不同学派诞生的当代体系中,没有一个比在形而上学领域内的体系相互之间显示出更深刻的分歧、更尖锐的分离、更剧烈的对立了。"②某些哲学家居然习以为常,以为这种熙熙攘攘纷纷扰扰居然就是哲学的常态!

这种过度的喧闹,恰恰是儿童的特征;成熟的青年,需要有必要的稳重。

或许我们可以利用前边已有所提及的这个概念:地方性直觉。如前所述,哲学家直觉并不比公众直觉享有天然的优越性,因此,在直觉纠纷面前,谁的直觉算数?这可不是粗暴地否认对方的直觉所能解决的——无论对方是一个哲学人还是普通公众。例如,在知识论问题上,温伯格说了一句俏皮话:"我们认为,对那些试图从关于'我们的'直觉的因素来得出规范性结论的高社会经济地位的西方哲学教授的最佳反应就是去问:你们所说的'我们'究竟是指什么?"③这些教授以为"我们的直觉"就是"大家"的直觉,但事实上"我们的"直觉真的就只是"我们的直觉",是地方性直觉;"我们"往往意味着:西方的、高社会经济地位的人群,通常还暗示着:"受过良好哲学训练的"。"我们的直觉"中,反思型直觉占据主导地位。这是故事中克里普克之所以能赢得广泛响应的重要原因——哲学家典型地拥有克里普克式的直觉,并希望基于另一种直觉的"指称理论"能够包容它们。

2.3.4 "直觉危机"

通过直觉调查,这种偏见暴露,甚至被系统地揭示出来。这引发了严重依赖"直觉"的思辨哲学的可靠性危机,不妨称之为思辨哲学的"直觉危机"(Intuitional Crisis)。

---

① 廖备水、黄华新:《不一致问题与论辩逻辑》,《学术月刊》,2013年第6期,第65页。

② [法]皮埃尔·迪昂:《物理学理论的目的与结构》,李醒民译,北京:商务印书馆2011年版,第11页。

③ Machery E, Mallon R, Nichols S, et al. "Normativity and epistemic intuitions", *Philosophical topics*, 2001, vol. 29, 2001(1/2), pp. 454-455.

"直觉危机"有多方面的体现,其一是"一致性破缺"。许多思辨哲学理所当然视为"一致"的直觉,被实验揭示为不一致的:实验并不事先假定我们的概念是准确的,切断了思辨哲学中概念与本体间那种"直接"的关联。其二是使用"未经证实的假设"。如分析哲学对"知识、自由"等概念进行分析时,预设人们享有共同的直觉。该预设面临一个困惑,"这个困惑来自实验哲学家收集到的证据与人们宣称这些证据所支持的理论之间的鸿沟":"直觉整体实际上存在着分化,研究者收集到了人群中持有不同直觉人群的百分比"。实验结果表明:公众的"直觉"不尽一致,并无分析哲学家预设的那种"一致性"。通过特鲁特普案例(Truetemp Case),实验揭示出被试认知直觉的内在主义/外在主义维度的不同,发现"西方人与东亚人之间的差异看起来是系统的而且是可解释的,东亚人与西方人对不同的情境特征(即"认知向量",epistemic vectors)表现出敏感性",同时发现:"直觉驱动的(认知)浪漫主义策略带来的那种相对主义版本意味着,适用于白人的认知规范不同于适用于有色人种的认知规范。"结合这一发现——直觉在不同社会经济地位、文化背景的人之间存在系统性差异,我们就可以讲,适用于平原地区白人的认知规范不适用于高原地区的白人,适用于发达平原地区白人的认知规范不适用于欠发达平原地区白人,最终进而走向终极一步:适用于我的认知规范不适用于你!——这是"直觉驱动的认知浪漫主义"导致的"不合情理的相对主义后果"。斯泰西·斯温(Stacey Swain)等还报道了一个思辨哲学家无法忍受的事实:直觉过于不稳定,甚至会对诱发直觉的案例呈现顺序敏感!

2.3.5 直觉的"失效"

看起来好像直觉完全失效了。"直觉的失效"是由于我们的"直觉"并不能通达认知的全部过程;由于"心理模块性"(福多)的存在,许多认知、推理和判断的过程对其执行者(agent)——公众或者哲学家而言,是封装起来的"黑箱";许多起中介作用的表征根本无法被执行者觉知——遑论发现和分析,因而也就难以被影响。福多指出,"典型的输入分析涉及了从传感器的输出到知觉的映射——该映射受到对输入刺激的中间水平表征的计算的影响。这些中间表征有时完全无法通达中枢加工,或者在一些情况下必须付出一定的代价才能通达:只有对记忆或注意强加以特殊要求,你才有可能通达中间表征。"一个对哲学家而言更亲切的表达方式是:"输入系统中,只有所计算的表征的一个水平可以自由地被记忆以及被其他中枢系统查询;该位于接口处的表征一般来说是与传感器的表征相比最抽象的表征。"①

也就是说,我们分析、判断、归因的许多具体过程,仅瑞士军刀般多能的"直觉"是不足以处理的——甚至无法触及。大多数思维活动都是无声和隐匿的,以联想为例,诺贝尔奖获得者卡尼曼指出,思维活动的特点在于:"思维活动唤起一个看法不仅会引发另一个看法,它还会激发出很多其他看法,而这些看法还会让我们想到另外一些看法。此外,只有几个被激发出来的看法是有意识的思维活动;大多数联想思维都是无声的,隐藏在有意识的自我之后。"尽管"这种说法和我们的体验背道而驰,但事实就是如此:你觉得自己很了解自己,但其实你错了"②。系统 1 的许多特征特别是"自动驾驶模式"(Autopilot Mode)决定了我们的诸多行为,而我们却对此一无所知——"我们是自己的陌生人";我们对自己并不了解。因此,如果非要将"哲学三件套"中的"直觉"作为最主要甚至是唯一的哲学探查工具,那么误解、偏差甚至理据充足的偏见——就像一个戴着有色眼镜的人所描述的那个"到处都是绿色的世界"(请注意,我不是在说浙江舟山嵊泗嵊山岛后陀湾),也就是在所难免和必然的了。

认知神经科学家克里斯托弗·查布里斯(Christopher Chabris)和丹尼尔·西蒙斯(Danniel Simons)在《看不见的大猩猩》中报告了一个有趣的事实:数万人看了一部短片,但由于忙于数出白衣球队的传球次数而忽略了穿着大猩猩服装的女人穿过球场、捶着胸然后继续走。卡尼曼对此总结道,"我们会忽视显而易见的事,也会忽视自己屏蔽了这些事的事实"。对此,我需要追加的一点是,"即使你指出这个事实,哲学家们也不会去承认"。他们总会说,"你看,直觉上看它似乎是这样的……"他们实在是太热爱这祖传的工具、热爱这我们无法主动关闭的"系统 1"了。("系统 1"的特点后文将具体讲述。)

"系统 1"就是哲学家们的有色眼镜。

直觉是非常重要的"灯塔"。然而,较之"问题",工具真的就没有那么重

---

① [美]J. A. 福多:《心理模块性》,李丽译,上海:华东师范大学出版社,2002 年版,第 58 页。

② [美]丹尼尔·卡尼曼著:《思考,快与慢》,胡晓姣、李爱民、何梦莹译,北京:中信出版社,2012 年版,第 36 页。

要了。为了能够解决问题,所有有效的工具都应当被充分调动起来。为了真正有效地解决"责任归因"以及相应的"道德判断"的问题,是时候摘掉这副眼镜了! 嗯,不是"扔掉",只是暂时摘掉——暂时告别我们那充满系统性偏见的眼镜了。承认我们也具有一些"认知错觉"真的就这么困难吗? 种种迹象表明,基于直觉(Intuition-oriented Philosophy)的"思辨哲学"遭遇了"直觉危机",这迫使我们去寻求一种替代或者改进的方式来继续我们的哲学探索。

2.4　实验哲学:特点和来源

2.4.1　客观性与复杂性上的进步

长期以来,"客观性"被视为科学的内在价值;对哲学这门"最难定义的学科"并无具体的"客观性"要求;但实验哲学"在决定我们直觉能力的范围与限度上,将起到一个关键的改善作用"[①],从而有助于哲学"客观性"的达成与"复杂性"上的进展。

以意识研究为例,由于要面对意识"难问题"(Hard Problem)即意识体验的主观性问题,意识研究迟早要面对"主观材料"与"客观方法"间的矛盾。但主观材料在除心理学等学科之外都不是"合法"的研究对象;对此实验哲学家里贝特通过巧妙的实验手段将"主观体验客观化",合法化了意识研究中"第一人称方法"的应用。"主观性"有"相对客观的主观性"与"相对主观的主观性"之别,在意识体验方面,"相对客观的主观性"对应于"感觉体验"(Feeling Experience),如冷、热、疼痛等;"相对主观的主观性"对应于"情绪体验"(Emotional Experience),如喜、怒、悲伤等。通过限制实验材料的"主观性"程度,可以在主观对象中获取实验精度所需的"客观性",从而有效削减"意识难问题"的困难程度,使"主观材料客观化",同时兼具重要的方法论意义。

另一方面,思辨哲学"简单性"缺陷也是我们接纳实验哲学的重要理由。

---

① Symons J. Intuition and philosophical methodology. Axiomathes,2008,18(1):pp.67-89.

思辨哲学是种"架构简单"的哲学——它无意中避开了对复杂性的深度探索。"不仅我们生活面对的是一个丰富多彩千变万化的复杂世界，而且人类自身所创造的概念体系同样也是复杂多变的，故不借助外在的物质手段或经验，单凭有限的想象和推理往往难以把握事物或概念系统的复杂性。"①对复杂性的展示与呈现，正是实验哲学方法所擅长的；在复杂问题解决的广度、深度和策略密度上，实验哲学都更具优势，优势是内在于工具的。这里存在一个"解释责任的转译"问题：对思辨哲学而言原本需要通过普遍化（general）语言进行解释的工作，在实验哲学已经被转移给专门化（specialized）工具了。这正是任何实验都需要具备相应的背景知识、使用任何工具前都要先学习"如何使用"的原因所在。

需要指出，"客观性"和"复杂性"方面的优点，并非实验哲学独有。任何采用实验手段的研究或多或少具有这样的特点，只是思辨哲学这两方面的过度缺乏导致它们看起来成了实验哲学的"专属优点"。

2.4.2 "实验哲学"的两个来源

"传统哲学中充满了可由经验检验的主张"这一发现引起了对哲学理论进行经验验证的渴望，对经验结果的兴奋引发了思辨阵营中"去经验"的口号。"直觉可以被测试和（受限于工具与训练的）实验的冲动"在实验哲学的兴起中起到了重要作用②。直觉调查的技术门槛低，人力和资金成本小，数据收集处理较为容易（普通的数据分析软件即可承担实验哲学数据分析的大多数——如果不是全部任务），成效明显：这些因素促成了直觉探查的普遍涌现。以至于如今围绕直觉问题，已出现了一种"作坊式"的研究；事实上，笔者也正经营着一家"直觉作坊"，用以探查责任归因的特征和道德判断的结构。当然，先行的"作坊"不少已转型升级为"哲学实验室"了。

作为专名的"实验哲学"（Experimental Philosophy），可能由于此种哲

---

① 郦全民：《实验哲学的兴起和走向》，《哲学分析》，2011年第1期，第175-180页。

② Prinz J. Empirical philosophy and experimental philosophy//Experimental philosophy, New York：Oxford University Press，2008：pp. 189-208.

学与直觉实验相关而得以确立①,但实验哲学不止于此。实验哲学还有另一个基本来源。实验哲学由"基于实验的实验哲学"和"基于思辨的实验哲学"两大类交互融合而成。的确,这二者相当不同。一些对传统思辨方法不满的哲学家采用直觉调查的方法研究相关的哲学问题,如道德责任归属、不兼容主义的直观性等;此类研究的从业者多为"哲学家出身的实验哲学家",他们的实验是为哲学服务的,实验设计的最初目标就指向特定的哲学问题,"实验"相对简单。比如约书亚·诺布(Joshua Knobe),2003 年他通过实验发现的"诺布效应"(Knobe effect)引起了其他哲学家广泛兴趣。按照诺布本人的说法,"诺布效应"是指"人们在考察特定的行为是否有意为之的时候,会受到这个行为本身是好还是坏的信念的影响"②,具体而言,是行为的道德性影响到行为意向性的判断:同样都是"副作用",当其在道德上是"好"的时候,人们倾向于认为行为实施者是"无意"而为的;但当其在道德上是"坏"的时候,人们却倾向于判断行为实施者是"有意"而为的。这类"实验哲学家"构成了当前"实验哲学"的主流。然而不容忽视的是,还存在另一类实验哲学家,他们的贡献并不比前者小,主要是一批致力于揭示人类认知机制的认知和神经科学家,以及揭示意识工作机制的实验心理学家,他们是"科学家出身的实验哲学家"。他们意识到了科学发现的哲学意义,走向了以科学实验检验哲学命题或提出哲学假说并进行实验验证的"实验哲学"。如写作《从神经生理学到心智结构》的蒂姆·沙立克(Tim Shallice)、写作《心智时间:意识中的时间因素》的本杰明·里贝特(Benjamin Libe)等。以里贝特为例,他设计了精巧的实验来研究意识的神经机制,对哲学家们争论不休的"自由意志"展开系统的实证考察。在几十年的科学实验中,里贝特获得了一些惊人的发现,成功揭示出:"自愿行动的启动是无意识地出现在大脑

① 一般认为,诺布和尼克尔斯的 *An experimental philosophy manifesto* 宣告了实验哲学学科的觉醒,而他们编辑的 *Experimental Philosophy* 一书正式宣告了"实验哲学"学科的建立。该书已由厦门大学知识论与认知科学研究中心曹剑波等翻译,上海译文出版社 2013 年出版。而该书的第二卷 *Experimental Philosophy:Volume 2* 也已于 2013 年 12 月由牛津大学出版社出版。

② Knobe J. "Intentional action in folk psychology:An experimental investigation", *Philosophical Psychology*,vol.16,2003(2),pp.309-324.

中的,它发生在觉知到任何有意识的行动意图之前大约 400ms"[1],也即"行动先于意图"。这些发现对传统哲学产生了深刻影响。里贝特还提出了一整套捍卫"自由意识"的理论(以便使"自由意志"与他那遭到普遍误读的实验结果兼容)和解释心智如何从物质中产生的"有意识的心智场"(Conscious Mental Field,CMF)理论。事实上,里贝特最受瞩目的论文如 Unconscious cerebral initiative and the role of conscious will in voluntary action 等都以神经科学实验为基础、与"有意识的行动"相关联。由于惯性和技术门槛所限,尽管那些"哲学家出身的实验哲学家"开展的实验相对简单,他们却牢牢占据了"实验哲学家"的头衔,并有意无意地忽略了"科学家出身的实验哲学家"们的贡献。后者的贡献,应当被恰当地纳入到当前实验哲学的成就中去。

有趣的是,一方面"哲学家出身的实验哲学家"正在努力反思辨哲学对"直觉"这一哲学工具的"路径依赖";另一方面,他们自己却也不自觉地陷入对"直觉调查"这一哲学"新工具"的新一轮"路径依赖"中去了——他们误以为"直觉调查"就是全部的哲学实验了,好似思辨哲学家暗自流露出的"思辨就够了"的情绪一般。(同样有趣的是,缺乏对实验哲学"实验"内涵准确把握的部分学者,特别是部分中国学者,走向了另一个极端,想当然以为"实验哲学"的"实验"就是理化实验,误以为"科学家出身的实验哲学家"是主流的实验哲学家。)"思辨哲学家"反思型直觉工作方式系统地排除了"大众直觉"(folk intuition),"哲学家出身的实验哲学家"的哲学规训和实验素养不足以使他们全面理解和深刻洞察那些"科学家出身的实验哲学家"工作的细节和意义;前者都"无意而系统"地忽略了后者的贡献。索萨说,"实验哲学家从科学家那里借来的东西,没有他们变成科学家得到的那么多"[2]。对"科学家出身的实验哲学家"而言,他们无须"变成"科学家,他们"就是"科学家。这同时表明了"实验哲学"所试图解决的问题的严重程度:"旧工具依赖"的

---

① Libet, Benjamin. "The neural time factor in conscious and unconscious events." Experimental and theoretical studies of consciousness vol. 174 1993,pp. 123-146. 关于里贝特的发现,更全面的论述参加 Libet, Benjamin. Mind time:The temporal factor in consciousness. Harvard University Press,2004. 中文版已由李恒熙等译出,浙江大学出版社,2013 年版。

② Sosa E. Experimental philosophy and philosophical intuition. Philosophical Studies,2007,132(1):pp. 99-107.

批评者正迅速成长为"新工具依赖"的捍卫者。因此,我们需要随时对"工具依赖"保持足够警惕。

2.4.3　实验哲学的主要领域

把哲学问题挤压进科学的盒子里,这并非当下实验哲学工作的适当概括。哲学实验与科学实验尽管均为"实验",目的却不尽相同。二者的差异主要体现在三方面:实验目的上的"阐明机制"/"探明本质"之差;实验倾向上的"还原"/"非还原"之别;实验原理上的"因果性"/"相关性"之异。事实上,"主流"的哲学实验("哲学家出身的实验哲学家"们的实验)是比较简单的,实验形式是"问卷调查",实验对象是"日常直觉",实验的一个"阶段性终极目标"是"揭示直觉的结构"。这些新"装备"有助于破解"直觉危机",将为哲学提供一个更加广阔的问题解决空间,促进如"心灵是如何运作的"等重要问题的解决。诺布和尼克尔斯总结说:"现在要做的是摆脱我们的方法论枷锁,用已有的一切探索这些重要的问题。"①

当前,以"直觉探查"为基本工具,以实验为常规方法,以人类心灵的运作方式为主要对象,实验哲学形成了六大扩展中的问题空间。具体包括:(1)行动的实验哲学(自由意志、意向性行为等);(2)语言的实验哲学(跨文化指称等);(3)心智的实验哲学(意识问题等);(4)伦理的实验哲学(大众道德等);(5)知识论的实验哲学(规范性问题等);(6)形而上学的实验哲学(因果性问题等)。其中部分如跨文化直觉、自由意志问题等取得的进展尤为显著,这些成果为我们展示了一种富有希望的哲学工作方式:我们完全可以合法地将其应用到责任归因、道德判断等相关哲学问题中来。

在这里顺带讨论一个不成其为问题的问题。当下进展迅速的"实验哲学",是"Experimental Philosophy"(依赖实验的哲学),而非"Philosophy of Experiment"(关于实验的哲学),后者是科学哲学的重要关切。在这里,"实验哲学"与"科学哲学"形成了一个有趣的对应,Experimental Philosophy 对应于 Scientific Philosophy,而 Philosophy of Experiment 对应于 philosophy of science。关于名称,如此说明应已足够清晰。

---

① Knobe J, Nichols S. " An experimental philosophy manifesto "//*Experimental philosophy*, New York: Oxford University Press, 2008, p. 14.

2.5　实验哲学的未来

当然,并非所有学者都认可实验哲学的主张,实验哲学也遭遇了猛烈批评。这些批评包括"质疑实验哲学/取消实验哲学"两类。"质疑"类怀疑实验哲学方法的合法性与有效性;"取消"类试图消解实验哲学与思辨哲学间的差异,想要表明它们"其实是一回事"。

2.5.1　实验哲学的合法性与有效性

质疑类的批评包含以下四个变种:"自留地"理论、"专家直觉优越"论、"直觉批判"论和"哲学家的眼睛"论。对于这些批评,诺布和尼克尔斯进行了系统的回应[①]:

(1)"自留地"理论:该理论主张,哲学是哲学家的自留地,与公众无关。"就像物理学家不会考虑大众物理学一样,哲学家也不需要考虑大众哲学"。诺布和尼克尔斯回应:哲学中的确存在与大众无关的"专家问题",如"心灵表征理论与心灵联结主义"何者更优等问题;更存在大量的"大众问题",如关于个体同一、道德哲学等方面的问题。我们无法想象专家独有一个与公众不一致的"道德责任"概念;很多时候"专家意见"是用来论证公众"日常观点"合理性的。因此,哲学并非哲学家的"自留地"。

(2)"专家直觉优越"论:它认为,哲学是一门专门学问,经过系统哲学训练的哲学家思考严密、区分精细,能以哲学专家的精确度和精密性来使用那些常人也在使用的概念。简言之,哲学家直觉比普通公众优越。诺布和尼克尔斯回应:如果这一假设成立,即直觉上哲学家真的"优越"于普通公众,那么,实验哲学将有助于发现哲学家直觉的"优越"所在。让"专家直觉优越"论的拥护者多少有些难堪的是,实证结果表明,经过专门规训的哲学家们的直觉很可能存在"系统性偏见"——而非"系统性优越"。

(3)"直觉批判"论:其核心主张是,哲学的关键不在于"直觉"本身,而在

---

① Knobe J, Nichols S. "An experimental philosophy manifesto"//*Experimental philosophy*, New York: Oxford University Press, 2008, pp. 8-11.

于"反思那些可能出错了的直觉"。诺布和尼克尔斯回应:这完全没有问题,实验哲学只是往哲学家的工具箱里增添新的工具,并未限定工具的使用范围,更未阻止哲学对"直觉"的审查。事实上,真正值得反思的是我们以往那套过于依赖直觉的哲学工作方式:它可能有效但通常低效。

(4)"哲学家的眼睛"论:它强调,实验需要预设和前置的一些信息,需要"哲学家的眼睛"。诺布和尼克尔斯回应:这么说很对!如果哲学家放弃了其他的思想形式而只做实验,则将一无所获;实验哲学只是广阔的哲学探索的一部分。哲学实验同样遵循"假说—实验—证实/证伪"的科学实验基本流程,有助于修正和更新我们预置的哲学理念。

2.5.2 实验哲学的独特性

除了围绕合法性的论争,也存在取消实验哲学独特性的主张。杰西·丁·普林茨(Jesse J. Prinz)试图抹平"思辨哲学"与"实验哲学"的差异。他认为,在整部哲学史中都有一种依靠直觉的倾向,实验哲学家是在这个传统中受训且对直觉感兴趣的人;两种哲学(以普通的语言使用者如何理解概念的方式)共享对于特定概念的分析。实验哲学所做的,仅仅是将"思辨的哲学方法民主化":让普通人也去做哲学家在概念思辨时所做的事情。另一方面,与统计分析一起,实验哲学用传统哲学报道直觉的方法来批评哲学家关于"权威的直觉"应该是什么的主张。这二者构成了实验哲学"最典型"的实验——探查直觉并分析数据。[①] 他将这种"数据分析"结合"先天反思"的方法称为"后验先天的"(posteriori priori)。由于两种哲学共享实际相同的工具并置身于相同的"观察领域",因此,二者没什么"实质的不同"。幸好,他没有说"实验哲学不是哲学"这样的话。

欧内斯特·索萨(Ernest Sosa)也明确表示,"我反对实验主义者对扶手椅直觉的排斥"。他认为实验哲学误解了"直觉","语言分歧不一定是有实际内容的",他说。(以知识论为例)直觉的作用在于,"我们表现出一种能力,通过把我们的信念建立在对它们内容的纯粹理解上,这种能力使我们能

---

① Prinz J. "Empirical philosophy and experimental philosophy"//*Experimental philosophy*, New York: Oxford University Press, 2008, pp. 198-199.

够在一定的主题上正确地理解它。"①索萨认为需要区分直觉为"经验的直觉"与"理性的直觉",我们思辨哲学中、扶手椅上进行的是抽象的、先天的"理性的直觉"。"直觉 p 就是通过思考表征内容而趋向于赞同 p","当且仅当来自一种能力,而且这种内容或明或暗是模态的时"②,直觉才是合理的。由于思辨是"理性的直觉",因此他将实验"经验的直觉"排除在外;但未能给出合理性说明。更重要的是,这一区分本身就是思辨的。

　　在这条路上索萨并不孤单,珍妮特·莱文(Janet Levin)也持有类似观点。她以实验调查的复杂性来反对实验③,但复杂性本身不会成为开展实验的主要阻力——除了思辨的"思想实验",还有哪种实验不复杂呢? 这不是反对实验的理由,倒可以成为对实验哲学家进行更系统实验规训的善意提醒。

　　索萨批评的另一要点在于,哲学实验的方法未充分满足"实验"标准,如未能严格遵循对照原则等——在自然科学的实验中这是必须满足的。缺陷还包括未能彻底排除"模糊性""语境"等干扰因素——在当前直觉调查类实验中,确实存在类似的"不严密"。由于缺乏实验室经验,实验容易出现设计缺陷;实验哲学们不善于全方位分析数据以排除所有干扰(当然,这里的"分析数据"并非指借助 SPSS、SAS 之类的统计软件进行相关性或显著度分析,此类数据处理实验哲学家还是相当在行的)。然而,这需要一个过程,哲学实验技术的成熟需要时间。在误差许可的限度内,实验哲学事实上已经取得了令人瞩目的成就,这些成就难以被"实验误差"所轻易否决。索萨给实验哲学家提出了一个颇为精致的目标:排除语境差异和文化、"社会—经济"干扰,这倒可以成为未来哲学实验设计中的努力方向。事实上,在本书进行的责任归因研究中,我们就考虑到了这些因素的作用并进行了专门的考察。

---

　　①　Sosa E. "Experimental philosophy and philosophical intuition", *Philosophical Studies*, vol. 132, 2007(1), p. 102.

　　②　Sosa E. "Experimental philosophy and philosophical intuition", *Philosophical Studies*, vol. 132, 2007(1), p. 101.

　　③　Levin J, "Experimental philosophy", *Analysis*, vol. 69, 2009(4), pp. 761-769.

2.5.3　带着新工具回归

哲学是一门"玄想"的学问吗？历来它都被赋予了这样一种形象。

曾经或许是，而今可以不是。

思辨的工具固然重要，却是不够的，这是"实验哲学"这种"新哲学"兴起的根本原因。工具决定了视野，决定了工作方式，甚至决定了"合法性"界定，哲学的确到呼唤新工具的时候了。仅凭"思辨哲学三件套"难以应付某些重要问题，工具的革新有助于我们收获更广阔、更精确的问题解决空间。无论对科学或是对哲学，"工具决定视野"的命题都可以成立。科学上的进步往往不是与工具相关就是与方法相系。离开了显微镜的列文·虎克难以发现（活）细胞，而没有"窥视镜"（望远镜）的帮助，伽利略就无法发现金星的盈亏、土星的光环，我们也无从想象"哥白尼革命"的成功。工具还会引起问题的转向，历史上，"心灵及其构成"与"心灵是如何工作的"一直是哲学关切的主流；直到20世纪初，"逻辑"和"重新发现"语言工具，把人们的兴趣从"心灵"引到了技术化的问题上：从弗雷格"逻辑是哲学的出发点"到罗素"逻辑是哲学的本质"再到维特根斯坦"全部哲学是语言批判"，不难看出这一趋势。今天，实验哲学实际地启用了新的哲学工具来解决旧的重要或者重要性遭到忽视的哲学问题。通过哲学实验的"思考、仿真和探测"，使问题更清晰、更直观；实验哲学方法的应用，有助于解决老问题，提出新问题；构建新平台，探索新理路，甚至可能促成哲学方法论的重要转变。

今天的实验哲学，重要的在于向我们提供了一种新工具而非其他。如果实验哲学是"进步"的，那么这种进步主要体现在、也应该归功于直觉探查这种"新工具"——部分还要归功于认知神经科学家们的电极帽。今天的实验哲学，重要的不再是"合不合法"的问题，而在于解决了多少思辨哲学所难以解决的问题——或许我们更应当关注"问题解决"而非"学科边界"。实验手段将是传统思辨方法的重要补充（——好吧，我们承认这是一种"温和的实验哲学"，我们并没有取消思辨哲学的任何野心），这种新工具将会引起一场重要的哲学变革。借用印在宣告了实验哲学诞生的 Experimental Philosophy 一书封底约书亚·格林（Joshua Greene）的话，由于实验哲学的出现，科学与哲学关系亲密的"美好时光"有望"重现"："哲学家再次发现关于人类心灵的有趣的事情,而且科学家再次发现了哲学。"①

现在,就让我们带着实验哲学的新装备,向传统哲学的重要目标回归:道德判断和责任归因,特别是责任归因的问题。在进行文献的批判性回顾的基础上,我们将通过包括实证在内的方法解决"责任归因"的问题,特别是在哲学史上被视为责任归因前提的"自由意志""控制"等要件,以及"理性"/"情感""行动的逻辑"/"解释的逻辑"等核心问题。我们将试图为一个新的哲学大厦增添一块可靠的耐火砖。

---

①　[美]约书亚·诺布、肖恩·尼克尔斯:《实验哲学》,厦门大学知识论与认知科学研究中心译,上海:上海译文出版社,2013 年版,第 416 页。

3　关于自由意志的实证研究

3.1　"自由"与"自由意志"

自由

经典道德责任理论通常认为,能够"负责"的必要前提是自由——至少是某种程度的自由。"只有当我们的行动在某种意义上是自由的行动时,我们才能说对自己的行动负责"[①]——这是关于"自由"与"责任"的"第一直觉";我们的读者一般不会立即站起来反对这个说法。其实这也是"自由"以及"自由意志"(free will)具有持久吸引力的重要原因。

我们是否真的拥有"自由意志"(free will)？这是一个对人类具有持久吸引力的重大命题。

在有文字记载的过去几千年里,"自由意志"被认为"与人的自我本性、人在宇宙中的地位以及道德责任的根据都密切相关"。[②] 经典道德责任理论强调,道德责任以自由——特别是意志的自由——为必要前提。——"责任以自由为前提"是哲学家关于"自由"与"责任"的"第一直觉";读者一般也不会立即站起来反对这个说法。并不意外地,"自由意志"同样构成了刑事责任的法理基础。"自由"与"自由意志"的"根本性"是其恒久吸引力的关键来源。本处旨在呈现关于"自由意志"本身、"自由意志"与"道德责任"之间关系的经验证据,结合基于经验证据的必要思辨,试图为"自由意志"问题的

[①]　徐向东:《人类自由问题》,见《自由意志与道德责任》,南京:江苏人民出版社,2006 年版,第10 页。

[②]　费多益:《意志自由的心灵根基》,中国社会科学,2015 年第 12 期,第 51-68 页。

最终解决提供有益的新材料和新视角。

有必要先考察一下"自由"（freedom 或 liberty）。"自由"是一个涵义过于模糊的概念。然而无论中外，人们对"自由"基本涵义的理解却是相似的。汉语"自由"一词首见于书面是在《玉台新咏·古诗〈为焦仲卿妻作〉》中："吾意久怀忿，汝岂得自由。"《汉语大词典》对"自由"的定义包括这三类：(1)"由自己做主；不受限制和拘束"以及延展为"法律名词"；(2)"公民在法律规定的范围内，其自己的意志活动有不受限制的权利"和"哲学名词"；(3)"人认识了事物发展的规律并有计划地把它运用到实践中去"①。《现代汉语词典》与此解释近似，核心义项为"不受拘束；不受限制"②；《汉语辞海》等释义也与之相似。就中文而言，词典的涵义基本包括"积极的自由"与"消极的自由"这两大方面：即思想/行动的自主和约束的缺位。

我知道仅这样一定有人不满意，因为他们觉得没有英文的定义研究简直完全没法进行下去——所以他们在勤勤恳恳地拿着中国纳税人资助的钱吭哧吭哧地研究西方社会的问题，而无视中国当下存在着大量的、紧迫有待解决的社会和学术问题。所以我们还是要看一下，就学术本身而言这也是有意义的。权威的英语词典中，作为"freedom"的自由具有如下解释：*Collins English Dictionary*（《科林斯英语词典》）主要义项有二：(1) the state or quality of being free（不受限制或控制[即 free]的状态）；(2) a right or privilege（权利或特权）。*Cambridge Advanced Learner's Dictionary & Thesaurus*（《剑桥高级学习和同义词词典》）义项有三：(1)不受控制或限制地、能够或者被允许去做、说、想你所希望的事情的状况或权利（the condition or right）；(2)以你认为你应该的方式行事的权利；(3)不在监狱中的状态。liberty 则通常指"不受限制"的状况（the freedom to live as you wish or go where you want），与"freedom"在许多情况下可以通用。

可见，就"自由"而言，代表了普通公众"通用理解"的中英文词典的定义是相似的，而且都特别强调了"脱离约束"的消极自由。

哲学家石里克指出，道德行为的法则是基于人的欲望、情感之上的自然法则，不同于国家的法律；行为的因果性也不等于对行为动机的强制。其核

---

① 《汉语大词典》编纂处：《汉语大词典》第 8 卷，上海：上海辞书出版社，2010 年版，第 12464 页。

② 中国社会科学院语言研究所词典编纂室编：《现代汉语词典》，北京：商务印书馆，2012 年版，第 1729 页。

心要义在于:"行为的道德责任在于其动机的内在非决定的发动和客观外在的结果,责任如同行为一样可以是非强制性的,但不可能是无原因的。"①事实上,石里克清楚地区分了"原因"与"动机"②:"'我们只有在因果性原则支配着(holds)的意志过程的范围内,才能把责任的概念应用于人类行为。'换言之,只有找到人们行为的原因和动机,其道德责任才有所附丽。"③

哲学家诺博托·霍尔斯特(Norbert Hoerster)指出,在哲学中存在三种类型的"自由",从"自由1"到"自由3":④

自由1:"不被外在决定"——这与决定论一定是无法相互一致的,这是形而上学层面的自由

自由2:"我们有一定的自由去行动,也就是有行动自由","我们的相关行为没有因为外在的情况而被阻止"——这是物理层面的行动自由

自由3:"我在对这个问题作出决定时,没有感觉到任何心理层面的强迫或者压力";电视或者酒精成瘾者则缺乏这样一种自由——这是心理状态、意志层面的

以上何种自由才是履行道德责任的前提条件? 诺博托·霍尔斯特认为,"这完全取决于人们如何理解惩罚的意义和目的",例如以威慑类似行为为目的的惩罚就需要以"决定的自由(自由3)"作为先决条件,"'自由3'实际上是道德责任的必不可少的前提"。⑤ 一般认为,"自由3"即"意志的自由"或者说"自由意志"是一种难于被剥夺的人类能力和人类权利,这一"自由意志"使人类尊严获得了一种底线的保证。

自由意志

"自由意志"(free will)问题是如此具有吸引力,以至于稍有雄心的哲学家似乎都试图在这上面"有所建树",无论是真正的洞见,寻常的庸见,甚或只是在攻击"他人的论证漏洞百出"的同时增添另一种的漏洞百出的哲学

---

① 万俊人:《现代西方伦理学史(上卷)》,北京:北京大学出版社,1991年版,第399-400页。

② 单引号内文字为石里克《伦理学问题》英译本第158页原文。M. 石里克著:《伦理学问题》,D. 赖宁英译本,多福尔出版公司,1962年版。

③ 万俊人:《现代西方伦理学史(上卷)》,北京:北京大学出版社,1991年版,第401页。

④ [德]诺博托·霍尔斯特:《何为道德:一本哲学导论》,董璐译,北京:北京大学出版社,2014年版,第120-123页。

⑤ [德]诺博托·霍尔斯特:《何为道德:一本哲学导论》,董璐译,北京:北京大学出版社,2014年版,第124-126页。

论证：如果无所行动，雄心勃勃的哲学家总会觉得"少了点什么"——就像错过了一场本该入席乃至坐主桌的"思想盛宴"；这场"盛宴"从古希腊一直延续至今，成了著名的"流水席"，它的赴宴者包括圣·奥古斯丁（Saint Augustine）、笛卡尔、康德等等，仅仅将两千年间如此众多的"赴宴者"的名字列出来就足够一篇博士论文的字数了。英国学者西蒙·布莱克波恩（Simon Blackburn）认为，"自由意志"问题的关键在于，"将我们自己作为主体之日常意识（everyday conciousness）与科学告诉我们的我们'所是'之间进行调和。"①中国学者徐向东指出，"自由意志"问题的根本在于，"这些占统治地位的形而上学条件是否允许我们成为自己命运的主人，成为我们的一切生活方向的引导者？我们的所思所想和所作所为是否根本上是'取决于我们'（up to us）？"②概言之，"自由意志"与人类的"自主感"、"尊严感"和根本的世界观密切相关，这是其具有恒久哲学吸引力的根本所在。

我们在这个问题上投入了人类历史上最聪明的头脑和最具创造性的思考，不过总体来说进展不大收效甚微。正如罗伯特·诺齐克所抱怨的，两千年过去了，自由意志依然是"最令人头痛、最难以把握的问题。"笔者猜测，此种进展缓慢会不会与研究方法和哲学工具有关？由于一直追求"根本性反思"，"自由意志"在哲学中经常呈现为一个"前科学"问题③，每一个试图推进问题的哲学人都需要给出自己的定义，或者同时还需要推翻前人的定义；每一个新进入者面对的都是一片充满了智慧奇迹同时也遍布着陈年垃圾的"哲学学园"：构思精巧的理论金碧辉煌，过时落伍的说法残垣破壁。

在"自由意志"问题上是否存在一种经验科学的进路呢？人类是否拥有"自由意志"？从根本上说，这不仅是一个哲学问题，也可以是一个——科学问题。约翰·赛尔（John R. Searle）指出，科学与哲学之间并没有截然分明的界限："二者在主题上都是一般性的，并且都以真理为其目标。"他还希望最终能"以系统化的方法解决全部的哲学问题。"④自然科学的相关研究会

---

① 西蒙·布莱克波恩：《牛津哲学词典》，上海：上海外语教学出版社，2000年版，第147页。

② 徐向东：《人类自由问题/自由意志与道德责任》，南京：江苏人民出版社，2006年版，第5页。

③ "前科学问题"是指不能用科学革命之后"常规科学"的系统化方案去解决的问题，而不是说问题本身"不科学"，"前科学"一词并不包含任何价值判断。

④ Searle J R. "The future of philosophy", *Philosophical Transactions of the Royal Society of London. Series B: Biological Sciences*, vol. 354, 1999(1392), p. 2069-2070.

不会给传统的哲学研究带来一些有益启发呢？毕竟，"自由意志"从根本上说，不仅是一个哲学问题，或许也是一个科学问题。在认知神经科学已经如此发达的今天，继续以单纯思辨的方式来解决这个问题注定难以轻易成功——尽管哲学讨论历史上无疑推动了这一问题的进步，但今天的我们恐怕已经抵近了一个仅靠思辨难以突破的临界点。脑科学家严肃指出，当代神经科学"形成了关于人文学某些经典问题的重新思考和认识，甚至可以说，对其传统解答构成了挑战"。[①] 例如，以本杰明·里贝特（Benjamin Libet）为代表的认知科学家已经在探索"自由意志"到底在什么、它的神经基础在什么方面取得了令人赞赏的进步，但尚未得到传统哲学家们的足够重视。是时候把独具深度、广度优势的哲学思索与能够重复、可以验证的科学经验结合起来了！实证与思辨的进展汇流，将有助于"自由意志"问题的更好解决。本书将就此作出尝试。

面对认知神经科学的挑战，不少学者都努力对"自由意志"思辨进路研究进行了捍卫。例如，费多益坚持认为，"神经科学更多的是从意图和行动的角度入手，将自由意志问题转化为行为的决策和控制的问题，而行为的自我控制感和引起行为的真正原因是可以分离的。"他认为如果一个行为是被"激发"而不是被"决定"的话，"在被知觉到的原因和行为之间存在间隔。这个间隔就是自由意志"。[②]其错误在于，神经科学的实证研究反复表明，就行动而言，"激发"动作的神经冲动先于我们人类的意识觉知300ms（实证结果一般在250～350ms之间），在"激发"的问题上不存在所谓的"自由意志"，这是连最无视证据的人也不能否认的。进一步地，"决定"是否是"自由"的？费多益认为存在着"决定的自由"："退让"到"一个坚定的决定论者"的立场上（由于持有"自由"的立场，其认为"成为决定论者"是一种"退让"），"基于每件事都是被决定了的这一原因，拒绝做出任何选择，那么对于我来说，我拒绝做出选择也只有基于自由这一假设才是可理解的——我自由地选择了不做任何自由选择"[③]。遗憾的是，关于"决定是自由的"之假设，并没有任何的实验证据支持。"选择"之前的形容词"自由"是没有意义的。这一句话

---

① 包爱民、罗建红，迪克·斯瓦伯，等：《从脑科学的新发展看人文学问题》，《浙江大学学报（人文社科版）》，2012 年第 4 期，第 7 页。

② 费多益：《意志自由的心灵根基》，《中国社会科学》，2015 年第 12 期，第 54 页。

③ 费多益：《意志自由的心灵根基》，《中国社会科学》，2015 年第 12 期，第 54 页。

表述为"我被迫地选择了不做任何选择"也毫无问题，换一个词就变形成了其对立面——"决定论"的支持。而实际上，任何"决定"是有着明确意识内容神经活动的结果，如何可能"凭空产生"？

不妨具体形式化分析，可以看得更清楚。

我们将"自由意志"记为函数：$F_{(x \to y)}$

$F_{(x \to y)}$表示"决定 X"（Cause X）导致了"行动 Y"（Effect Y）。为了便捷，我们截取无限因果链条上一个独立的因果片段来考察。以 $F_{(A \to B)}$ 为例，$F_{(A \to B)}$ 表示"决定 A"（Cause A）导致了"行动 B"（Effect B）；认知神经科学的研究告诉我们，在开始发生行动 B 的时刻（T_B）前约 300ms 有一个明确的神经信号 PreB"激发"了 Effect B，但哪怕存在 PreB 与 Effect B 之间 300ms 的时间间隙，也并没有给"自由意志"预留出发挥的空间；今天的思辨哲学也已经放弃了这一努力，转而试图论证对人而言"Cause X"本身是"自由"的——尽管不能在 PreB 之后中止 Effect B，你却可以"自由选择""Cause C"从而获得一个不同的结果——"Effect D"。换言之，其论证要点在于，自由意志寓居于函数 $F_{(x \to y)}$ 本身的自变量 X 中，该"x"不仅是"自变量"而且是"自由变量"，是"自由的自变量"。然而问题在于，哪怕是人脑中瞬间冒出来的一个独立的想法 i（容易知道，$I \in X$[①]），I 也不可能是无中生有凭空产生的——它需要大量神经纤维的协作，需要电信号的传输与化学信号的转化，需要突触小泡的破裂与神经递质的释放——需要一系列复杂的生物化学过程。在这一想法产生之前是否存在一个明确的神经信号 PreI 来"激发"I，我们暂不清楚，目前缺乏可信的证据；但我们知道的是，I 不仅不能凭空产生，而且需要人脑的机能所容许、并为相应的神经结构所支持，还受前序的经历、教育、文化等制约。即便 I 不是为直接的 PreI 所激发，也必定受到 I 之前的因果链条的作用，I 不仅仅是 Cause I 同时也是 Effect I——同时作为原因与结果，作为后续事件的原因和前序事件的结果，哪怕是一种非直接的因果。直接假定"I 是自由的"割断了因果链条而且缺乏实证的支持。[②]

---

　　① 本处大写字母 I 写作小写的"i"更合适，此处的 i 为元素而 X 为 i 的集合；为与表述方便直接用大写"I"。特作说明。

　　② 可能有论者热衷于从康德继承下来的"＊＊＊为自己立法"这类的修辞术，试图证明"自由的意志是自己为自己立法"，让"行动主体摆脱欲望、利益的纠缠"，试图让一个个"I"魔幻现实主义般凭空冒出。然而，没有欲望、利益和冲动，就没有任何一个的"I"。

因此直接断言 $F_{(x \to y)}$ 中自变量 X 是"自由的变量"需要可检验的证据，尽管断言其反面即 $F_{(x \to y)}$ 中自变量 X 是"不自由的变量"也需要可检验的证据——实际上，现在断言"自由"或"不自由"都为时尚早。关于 $F_{(x \to y)}$，方法正在高速发展，证据也在不断累积，或许有生之年我们就将看到这个问题的圆满解决。不过对今天来说，一切为时尚早。

3.2 "无意识的自由意志"与"自由意志"的个体差异

3.2.1 "无意识的自由意志"

由于"意识"（Consciousness）的身后还站着"无意识"（Unconsciousness），二者之间呈现出杨志良所述的"钢筋水泥"关系，因此我在此提出另外一个问题：是否可能存在一种"无意识的自由意志"？[①] 即虽未进入意识领域，但却是"自由的"一种意识。"无意识的自由意志"并非经典"自由意志"问题本身所蕴含的命题，也不是扶手椅哲学"逻辑地推演"出来的，而是我根据相关实证研究合理类比的结果。典型例子是内隐学习的无意识特征："人们学到了一定的规则，但却没有意识到，而且否认学到了这些规则。"美国心理学家阿瑟·雷伯（Arthur S. Reber）1967 年使用"人工语法"材料证明了内隐学习的无意识特征：面对看上去像随机生成的字符串的"人工语法"，人们努力发现其中规律的努力都以失败告终，而被告知其中"有规律"之后被试对新字符串是否符合规则的判断却好于随机水平；被试否认、更无法说出他们学到了任何规则[②]，这是由于"人们学着对刺激的'一般语法性质'（general grammatical nature）而'非特异编码系统'（specific

---

① 美国心理学家丹·韦格纳（Dan Wegner）建议用体现了人脑机能的、明确的"无意识的意志"（an unconscious will）概念来取代暧昧不清的"自由意志"（a free will）概念。"无意识的意志"强调了脑的功能，然而思辨哲学家完全可以坚持该种"无意识"（unconscious）的意志也是"自由"（free）的观点，因此本处一并处理这一有可能被提出、但尚未被问及的问题。

② 郭秀艳，李林：《意识和无意识的关系——实证的视角》，《心理学探新》，2006 年第 1 期：3-8. 第 5 页。

coding system)做出反应"①。郭秀艳、李林等指出,内隐记忆和内隐学习表明"人类的认知活动必定有相当部分是以另一种形式存在的,这种内隐心理过程改变了人的行为表现;但是作为心理活动的主体,人们却丝毫没有觉察这些内隐过程的存在。""内隐心理过程的发现,展示了无意识的重要性"②。

人类很早就发现了"无意识"的重要意义,对所有读者都具有重要价值的"内隐学习"就具有无意识特征。作为大脑的机能,"意识"只是其中很小的部分,大部分的脑活动是"下意识"和"无意识"的。"下意识"活动主要与人的植物神经系统有关,如交感神经能使人瞳孔散大、心跳加快,汗腺分泌汗液、立毛肌收缩(即"起鸡皮疙瘩");而"无意识"属于中枢神经系统的功能:"我们持续地被大量的信息轰炸着,无意识地用选择性注意来提取对我们来说重要的信息。我们的许多决定都是在'转瞬间'或者'本能地',或凭我们的直觉、胆魄(gut feeling)而作出的,没有自觉地(有意识地)去思考。"

那么,这种"无意识"可以是"自由"的吗? 换言之,存在"无意识的自由意志"吗? 在此,我们先提出问题,留待后来人进一步的经验研究。

3.2.2 "自由意志"的认知控制及其个体差异

思辨哲学的一个重要特征(有时被批评为"重大缺陷",但我认为这也是其某种优点)在于,它的许多命题是无法检验的。好在经验科学已经提供了一些关键的资源。面目模糊的"自由意志"可以被转译为"拥有意识相关的认知控制"——这与哲学思辨中的"自由意志"定义本质一致。③ 具体而言,"自由意志"可以翻译为如下命题:

> (1)拥有灵活地改变计划与行为的能力;
> (2)拥有抑制不适宜行为的能力;
> (3)拥有监控与解决冲突的能力;
> (4)拥有觉察错误并从错误中学习的能力。

---

① Reber A S. Implicit learning of artificial grammars. Journal of verbal learning and verbal behavior,1967,6(6):855-863. p.855

② 郭秀艳、李林:《意识和无意识的关系——实证的视角》,《心理学探新》,2006 年第 1 期:第 5 页。

③ 如我们所提出的,或许也涉及"无意识的认知控制",这将是另外一个重要的方面。继续呼唤经验证据的支持。

　　上述四种具体能力可以概括为"抑制控制、冲突控制和错误加工"三个方面的认知加工能力。不断进步的工具已经可以测量"无意识认知控制"中错误或被掩蔽的刺激,这对于"有意识认知控制"特别是对于部分改写"意识只是一种内省现象"的传统认知、破解"意识的解释鸿沟"具有重要启发意义。"自由意志"关键体现在"抑制控制"(inhibitory control)中,"抑制控制"指取消或中止已发起的动作和计划的能力。Van Gaal 等人的掩蔽版 stop-signal 实验表明,无意识的信息可以引发抑制控制,而且该种能力存在个体差异,"个体的抑制能力越强无意识反应抑制越明显"[①]。与"自由意志"相关的认知控制还包括"无意识冲突控制","冲突控制"指"在冲突或竞争的情境中克服无关信息,选择相关信息以达到目标的过程"。基于体素的形态学(Voxel-based Morphometry,VBM)分析方法的 fMRI 研究[②]表明,"前辅助运动区的灰质密度与被试解决意识或无意识冲突的能力呈显著正相关。"这两个例子实际表明,作为人类能力的"自由意志"存在个体差异! 作为文本的"自由"有着暧昧的含义,事实上我们只能划定一个大致范围的"自由的意志",而不宜使用一个笼统表达的"自由意志"。有鉴于经验证据,"自由意志"存在显著的个体差异,极端情况下甚至可能是"有/无"的差异。

　　至于"无意识错误加工"("错误加工"指觉察到错误并进行改正的认知加工过程),则更进一步强化了前述的"行动先于意识"的发现:"只不过 Endrass 等人(2007)将 Pe 进一步细分为早期 Pe(200～300 ms)和晚期 Pe(400～600 ms)后只发现了错误意识对晚期 Pe 的调节作用,这说明只有晚期 Pe 反映了对错误的有意识识别,而且对错误的意识是发生在做出错误反应 300ms 以后"[③]。有意识的认知控制与无意识的认知控制是统一的吗? 这有待进一步的实证研究。

　　结合前述论证与实证,不难发现:作为文本的"自由意志"含义暧昧,作

---

　　① 蒋军,陈安涛,张蔚蔚,张庆林:《无意识信息引发的认知控制及其神经机制》,《心理科学进展》,2012 年第 10 期:第 1575 页。

　　② VBM 是分析大脑结构的 MRI 方法的一种,传统 ROI(基于感兴趣区,region of intrest)方法的 MRI 存在费时、不能全脑分析、可重复性较差等缺点,而 VBM 可以定量检测脑组织各组分如灰质、白质和脑脊液的密度和体积,获取脑区的特征和脑组织的成分差异,更具可重复性和客观性。例如,VBM 通过"空间归一化"可以使不同的扫描数据之间具有客观可比性。

　　③ 蒋军,陈安涛,张蔚蔚,张庆林:《无意识信息引发的认知控制及其神经机制》,《心理科学进展》,2012 年第 10 期:第 1580 页。

为人类能力的"自由意志"存在个体差异！

3.3 关于"自由意志"的经验证据

3.3.1 无涉自由的道德责任理论是否可能

事实上,关于"自由意志"真正的冲突在于,我们人类的"自由感"/"自主感"与因果闭合的物理世界的对立。在这场冲突中,不少哲学从业者未经深思就采取了一种将"自由"前置于"责任"的立场(这是相当有诱惑力的)——但这样做多少有些"想当然":实验哲学的数据似乎表明,公众似乎普遍持有一种跟哲学家们不一样的责任立场——"兼容论"(compatibilism)。这是令人震惊的,因为它可能暗示着,我们的"默认立场"是错误的。由于天性中对"自由"的偏爱导致了人类本能地厌恶"决定论"的"被决定",从而在哲学和法学的"责任归因"或"道德判断"中根本没有为"决定论"或"兼容论"预留立足之地。现在这种预设立场开始遭遇经验证据了。

哲学和法学从业者并未严肃对待这一可能:

是否存在一种无需或无涉自由的责任理论?

比如,"缺乏自由依然要负责任"。"缺乏自由依然要负责任"——在这里我将试图指出,似乎存在最低限度的可能性。

3.3.2 关于"自由意志"的实证考察

有关"自由意志"的各种思辨已经汗牛充栋十分庞杂,而提供有效思考素材和根基的经验证据则高度稀缺。在此,笔者将呈现"自由意志"与"决定论"的相关实证证据。2017 年,我们就此主题进行了样本总量为 218 的实证考察。被试性别分布为:男性 71 名占比 32.57%,女性 147 名占比67.43%;被试年龄分布以年轻人为主,19—25 岁青年共 188 名占比86.24%;被试学历背景以本科生或在读本科生为主,计 152 名占比69.72%;被试高中知识背景中,文科、理科正好各占一半,各有 109 名占比 50%。

研究考察了"自由意志""决定论"与"道德责任"的基本问题。首先报告关于"自由"的证据。

(1)多数公众反对"完全物理决定"的世界观

首先,"生活世界人"[①](Life World Person,LWP;含义接近但不直接等同于"普通公众",是与"哲学标准人"对应的概念)的世界是一个"物理决定论"的世界吗?"世界观"问题是笔者首先感兴趣的。数据表明,仅有26.15%的被试认为"这个世界完全由物理规律决定",而占多数73.85%的公众则不支持这一观点。换言之,多数公众反对"完全物理决定"的"世界观"。如果世界不完全由物理规律决定,那么不被决定的这一部分占据了多大的比例?数据显示:平均比例为45.27%。笔者设置了从0%~100%的滑动条表示"非物理决定"所占据整个世界的比例,结果公众给出了这样一个相当高的数值。不过需要注意的是,该接近一半的比例是由那73.85%认为世界不完全由物理规律决定的公众给出的。

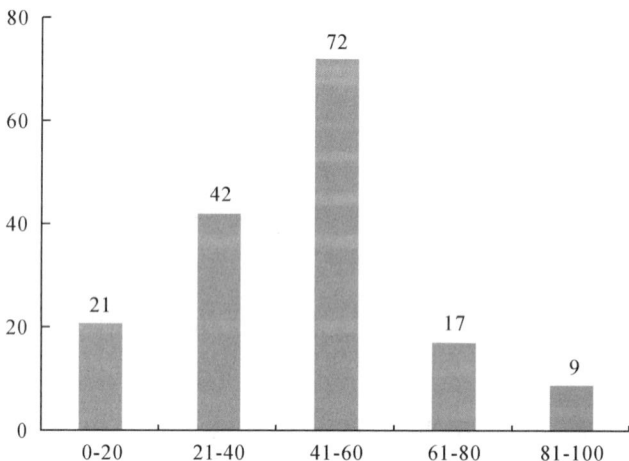

图1 "不完全由物理规律决定的部分"比例分布图

(2)大多数公众认为人类拥有"自由意志"

那么,为哲学所珍视、为法学所推崇的"自由"又在哪里呢?公众的回答是——"人类心灵"。

数据显示,在那些认为世界不完全由物理规律决定的人(161人,占比

---

① "哲学标准人"与"生活世界人"的提出、概念及其内涵,参见本书前文。

73.85%)中①,高达93.79%(151人)的公众认为,"人类心灵"不完全由物理规律决定——这就是自由意志的"自由"之所在。换言之,有近七成(69.27%)的公众认为,人类心灵是"物理自由"的!(此处的"自由"即指"不完全由物理规律决定"。)这一数据非常重要,然而我们还不能直接由此得出结论说支持"自由意志"观的公众比例为69.27%,因为如前文所述,可能还存在另一种"被决定的自由"!

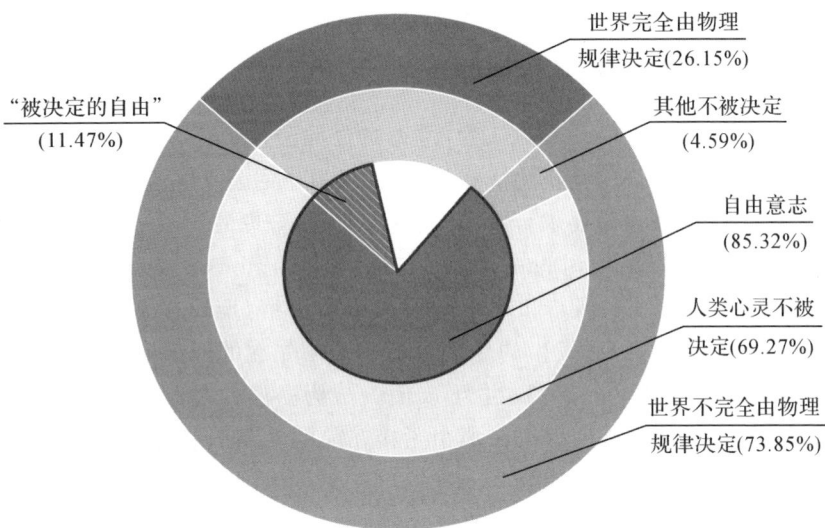

图2 "自由意志"分布图

公众眼中,"完全由物理规律决定"并不意味着一定与"自由"相冲突!换言之,生活世界人(LWP)中存在一种"完全由物理规律决定"的"自由"之概念。在回答"我们有根据自己的意愿去行动的自由吗?"问题时,多达85.32%的被试选择了"有",公众中"意志自由"的比例(85.32%)比"人类心灵物理自由"的比例(69.27%)高出16个百分点。可见,部分人持有一种"完全由物理规律决定的自由意志"——即"被决定的自由"。85.32%的公众赞同自由意志,这人类总体中85.32%的"自由心灵"可以被视为是符合

---

① 在认为世界不完全由物理规律决定的人中,支持"微观世界"的比例(49.07%)高于"宏观世界"的比例(43.48%)。考虑到已经为公众广泛知名的"量子力学"的影响,这一差异是合理的。

扶手椅哲学家"不兼容主义"预设的"标准样本"。比例虽高,但远未达到扶手椅哲学家所断言的那种"全称命题"——100％的程度。扶手椅哲学工作者那种"自我抽样"的直觉断言恐怕是成问题的——经常自我感觉良好。

3.4 关于"道德责任"的实证报告

3.4.1 "道德责任"的哲学前提

哲学和法学传统主流观点认为,道德责任和法律责任与"决定论"是冲突的。经验证据带来的真正挑战在于:生活世界中的公众"居然"认为,在一种"完全决定"的场景中要求行动者"负责任"也是合理的!

我们还是先简单地讨论一下"决定论"(Determinism)的问题。克里斯·霍奈尔(Chris Horner)和埃默里斯·韦斯科特(Emrys Westacott)认为:"按照决定论的观点,发生的任何事情都是由先在的原因决定的。……说 A 决定 B,就是说 A 引起 B,并且 A 使 B 成为必然的东西(也就是说,给定 A,B 必然产生)。给定宇宙在那个紧接在前的时刻的状态,宇宙在任一特定时刻的状态都不可能是另外一种情形。"[①]洛伊·韦瑟福德(Roy Weatherford)指出,"决定论的一般概念是:世界的未来是在一个不可避免的模式中确定下来的。"不难发现。决定论要求:宇宙只有唯一一个真实的过去和可能的未来。根据洛伊·韦瑟福德,决定论又包括物理决定论、心理决定论、神学决定论和逻辑决定论这四大类,物理决定论与心理决定论诉诸因果关系,神学决定论诉诸上帝的判决与预知——祂的全知(omniscience)[②],逻辑决定论则诉诸另一种"无赖的全知":就像一个赌徒把胜平负所有可能都买完了,然后宣称自己"决定"了比赛结果一样:无论结果如何,其中某个结果必然"被决定"。所以真正得到严肃对待的是前两者特别是"物理决定论"。

---

① [英]克里斯·霍奈尔,[美]埃默里斯·韦斯科特:《哲学是什么》,北京:中国人民大学出版社,2010 年版,第 4-5 页。

② [美]洛伊·韦瑟福德:《决定论及其道德含义》,见《自由意志与道德责任》.南京:江苏人民出版社,2006 年版,第 17-19 页。

益格鲁-黑格尔派领袖弗兰西斯·赫伯特·布拉德雷(Francis Herbert Bradley)在《伦理学研究》中指出,道德责任"是人的自主行为本身拥有的一种道德属性",道德责任存在有三个条件:(1)作为承当者的行为主体,"一方面,我必须是行为的所属者,即某一行为的主人;另一方面,该'行为必须属于我——它必须是我的行为。'"(2)行为者的自觉意识("必要的理智")。(3)行为者的道德能力,即行为者"能够充分意识并判断出道德行为的性质,才能谈得上对自己的行为负责"。这是对道德责任的一种典型表述,当然是站在"决定论"(determinism)对立面的。布拉德雷总结道,"决定论与道德责任是不能相容的"。①

不过,这些历史悠久的哲学论断,在今天可以并应该得到必要的检验——如果证实,无疑说明了先哲深邃的眼光和超群的洞察力;如果证伪,那至少也将体现了哲学勇于反思、乐于挑战自我的优秀品格。哲学总是不断"求真",而我们在这个重要的论题上又有了新的进步,离"真"更近了。不断检验已有的命题,对哲学总是有益的。

"负责"需要什么样的形而上学条件? 一个人要"负责任"何以可能?

完全否认"决定"的存在意味着否定"因果封闭性",这明显与我们的直觉、日常的经验和科学的证据相悖,而"完全随机的世界"也就取消了"责任的可能"。因此,一个"能负责任"的世界应当是一个既不完全决定、也不完全随机的世界。基于美国哲学家罗伯特·卡恩(Robert Kane)的观点,哲学家克里斯·霍奈尔(Chris Horner)和埃默里斯·韦斯科特(Emrys Westacott)提出了一种为"自由意志"和责任辩护的"和解方案":"拥有自由意志是一种至少对某些关键性的生活模式和性格塑造的决定负责的事情","原本可以做一件事的电子却做了另外一件事情成为我之决定的结果。"②

总结而言:(1)在一个"完全物理决定"的世界里"责任"是不存在或者虽然存在却没有意义的——此时将如朱利安·奥夫鲁瓦·德·拉美特利(Julien Offroy De La Mettrie)所言,"人是机器";(2)"负责任"是可能的,这需要一个"不完全物理决定"的世界,以便留下"人类心灵"的存在空间和作用可能——无论这种作用是"因果"的还是"非因果"的;并进而作用于这个

---

① 万俊人:《现代西方伦理学史(上卷)》,北京:北京大学出版社,1991年版,第256-257页。

② [英]克里斯·霍奈尔,[美]埃默里斯·韦斯科特:《哲学是什么》,北京:中国人民大学出版社,2010年版,第16-17页。

因果封闭的物理世界(似乎还可以作用于其他"心灵")。

因此,人类能够"负责任"需要的是一个既不完全决定、也不完全随机的世界。这就是"经典人类负责条件"。

3.4.2 "决定论"与"责任"的实证报告

(1)我们的世界观是"决定论"的吗?

我们使用了《实验哲学》一书中的案例,进行了东亚文化中的考察。通过"完全物理决定的世界 A(Universe A)"和"除人类的决定之外完全物理决定的世界 B(Universe B)"的案例①进行考察。在"世界 A 和世界 B,哪一个更接近我们真实的世界?"问题中,64.68%的公众认为世界 B 更接近人类真实的世界——由于"接近"是可逆的,因此说"64.68%的公众认为我们真实的世界更接近世界 B"也成立。可见,在"世界观"上,那种"发挥人类主观能动性"(行动哲学中的"慎思能动性")的说法是合理的。我们注意到这似乎暗示,公众中拥有"自由意志"的比例低于前文明确提问时得到的数据,却与认为"心灵是物理自由的"公众在人群中的比例高度接近——这正好反映了公众对"自由意志"的真实体验和具体认知。这才是真实的世界观——多数人同意:我们的世界观是非决定论的。(不过请注意,如果你拥有一个"决定论"的世界观也没什么好奇怪的,因为这个世界上有35.32%人跟你有相同的感觉。)

(2)"决定论"与"道德责任"不兼容吗?

对此问题,思辨的扶手椅哲学家们给出了"不兼容"的肯定答案。由于担心"自我抽样偏差"等问题,笔者决定以公众对此问题的回答替代某些哲学人的"自我抽样"。"在世界 A 中,一个人在道德上完全为他的行为负责是可能的吗?"对这个问题,一半以上(50.92%)的公众回答,是的!——即使在一个完全决定的世界里,一个人也可以在道德上为他的行为负责!真不敢想那些反对"兼容论"的思考者怎样面对这样一种可怕的事实——

多数公众认为,"决定论"与"道德责任"兼容。

由于"不兼容"理论是哲学人火尽薪传了好几百年的"基本共识",我们

---

① Nichols S, Knobe J. Moral responsibility and determinism:The Cognitive Science of Folk Intuitions. [A] //Experimental philosophy, New York:Oxford University Press,2008, pp.110-112.

担心"兼容论"会不会是一种统计错误,于是采用了另一个"决定论"的世界中"吉尔偷项链"的案例①进一步验证。

设想一下有这样一个世界,根据完全相同的初始条件与完全相同的自然法则,它一次次地被重新创造。

在这个世界中,同样的条件和同样的自然法则会产生相同的结果,因此,当这个世界每次被重新创造的时候,任何事情都必须以完全相同的方式发生。

比如,在这个世界中,一个叫吉尔的人决定在某个时刻偷一串项链,每次这个世界被重建时,吉尔就在那个时刻决定偷那串项链。②

面对"在这个世界中,吉尔决定偷这串项链是否出自他的自由意志?"的问题,高达 57.80% 的公众认为,吉尔出于他的"自由意志"决定偷项链。这似乎显得荒诞。然而同一案例的西方文化中,"出于其自由意志"(acted of their own free will)的比例亦高达 66%。这还不算什么,真正"令人震惊"的是,更高比例 72.94% 的公众认为,"他需要为偷这串项链负道德上的责任"! 文化的差异性无妨于"责任观"上的接近,同一案例的西方文化中,"需要负道德上的责任"(are morally responsible for their action)的比例为 77%。

决定论与道德责任的兼容及其中美公众认识上的差异

	中国	美国
"出于其自由意志"	57.80%	66%
"需要负道德责任"	72.94%	77%

中西方被试案例中判断的趋势、比例都十分接近、西方在"自由意志"和"需要负责"两方面都比中国略高——数据表明,至少一部分非常清楚吉尔的行动并非出于其"自由意志"的公众认为吉尔需要对偷项链负责。否则,即使认为吉尔出于"自由意志"而去偷项链的公众全都认为他需要负责,也

① 案例来自 Nahmias E,Morris S,Nadelhoffer 等 Is incompatibilism intuitive 一文,此种情况下收集到的中华文化环境中的数据可以直接与已经报道的同一案例中西方文化环境下的案例进行比对。的确发现了基本趋向和具体差异。

② 相同案例情况下收集到的中国文化环境中的数据可以直接与同一案例中西方文化环境中的数据进行比对,见本页表格。

至多占比 57.8％而非 72.94％。换言之：生活世界中的公众认为，人类即使在一个被"完全决定"的世界中也需要对特定行为负责。

这进一步表明，"决定论"与"道德责任"是兼容的，动摇了传统哲学的经典结论，也将对法学的理论特别是高度依赖于"自由意志"的法哲学和刑法责任理论带来冲击。

3.5 "自由意志"是否"无关""道德责任"

关于"自由意志"问题，让我们回顾一下本章的实证结果：首先，多数公众持一种"非决定论"的世界观，认为世界不完全由物理规律决定；即使世界"完全由物理规律决定"也还存在一种"被决定的自由"。其次，高达85.32％的大多数公众认为"人类拥有自由意志"。最后，中西方文化情境的公众均认为，"负责任"与"被决定"相兼容：在一个"完全决定"的世界里，一个人也要在道德上为其行为负责，即便公众明确知道这一行为并非出自行为者的"自由意志"。

结合前述理论论证与经验证据，笔者提请读者注意：关于"自由意志"连篇累牍的思辨模型有可能存在问题。苏格拉底强调"一种未经思考的生活是不值得过的"，同样，一个抗拒检验的命题是不值得严肃对待的。我们提议，对那些可以检验而未曾检验的各类"自由意志"命题，不妨认真地检验一番。来自实证的证据将无疑成为理论成立与否的"判决性实验"——证据决定理论，而不是相反；唯有如此，我们才能构造出可靠、有生命力的哲学理论和可信、有说服力的法学理论。

4   "选择的可能"与"控制的祛魅"

4.1   "选择"、"控制"与"责任"

归因是对"原因"的寻找,是对"动机"的探查,是进行"责任与荣誉分配"的必要前提。

"控制"(也称"控制性"、"可控性")则是道德哲学最为核心的概念之一,而"选择"对伦理学的重要性,可能并不亚于"控制"。"选择"极端重要,无论对"后果"来说还是对"命运"而言。有一个流行的说法——"选择决定命运",虽然大量的鸡汤文已经将之煮得索然寡味,到底还是无损于其正确性。我们要说的是,选择的确在责任归因中扮演了男一号的角色。"选择的瞬间是隔离(isolation)的瞬间。在选择自己时,一个人将自己与'以前'和'以后'隔离开来。这个决定不仅仅是比喻意义上'永恒的'。此外,它并不位于空间中:从某种意义上说,选择的主体周围的世界都被抹去了"。①

一般认为,进行任何选择都需要一个恰当的主体,即"行动者"(agent)。这大概是多数读者都不会反对的一个提议。行动者对其自身行为负责的一个直觉性前提就是,"行动者拥有选择的能力"。正如道德哲学家阿格妮丝所指出的,"一个人只有在不选择同一件东西时才能选择某物",即,选择需要"备择选项"的存在。②"选择"实际上要求至少存在两个可选的对象;这

---

① 所谓的生存,无非就是一系列绵密的选择。几乎所有试图处理责任归因问题的哲学文献都必然要——通常是首先要解决这个问题。

② 〔匈牙利〕阿格妮丝·赫勒:《道德哲学》,王秀敏译,北京:北京大学出版社,2003年版,第21页。

被概括为著名的"选择的可能性原则"（"the principle of alternate possibilities"，PAP）：

"行动者只有在他可以自由地作出彼种选择的情况下，才对他所作出的此种选择负道德责任。"[①]（PAP）

该原则有时也被称为"替换的可能性原则"，其精确涵义则要追溯至"道德责任与决定论不兼容"的哲学立场。哈里·法兰克福（Harry G. Frankfurt）将之表述为："一个人只有在其'本来能够另有作为'（only if he could have done otherwise）的条件下，才应当对他实际所作为的事情承担道德责任。"[②]这两种表述是一回事。这一原则如此强大，以至于有的哲学家将之视为一条"先验真理"（a priori truth）。

关于 PAP 原则本身，存在"强/弱"两个不同的版本：

（1）"强 PAP"版本："如果一个行动者出于理由 R1 的考虑选择进行了行为 A，他只有在可以自由的选择由于理由 R2 不去做 A 或者由于理由 R3 而选择作出另一个完全不同于 A 的行为 B 的条件下，才对行为 A 负道德责任"；

（2）"弱 PAP"版本："一个行动者对他所选择实行的行为负道德责任，只有在他可以自由地不选择实行这种行为的前提下。"

斯图尔特·格尔茨认为："强观点是更合理一些的，因为当一个行动者有理由 R1 去实行行为 A 的时候，除非有理由（R2 或 R3）去实行其他行为，常常无从选择而直接倾向于并因而实行行为 A 了。"[③]我们赞同这一点，因为行动很多时候是不需要理由的，道德行动也是如此。[④]

只有在一种纯粹想象的"思辨哲学世界"中，才存在做任何事情都需要一个乃至多个理由支持的"哲学标准人"（Philosophical Standard Person，PSP 或称 Philosophical Reference Person，PRP）；真实的生活世界中，人们

[①] ［美］斯图尔特·格尔茨、李红霞：《选择可能性原则和法兰克福式的反例》，《国外社会科学》，2003 年第 1 期，第 60 页。

[②] Frankfurt H G. "Alternate possibilities and moral responsibility", *The journal of philosophy*, vol. 66, 1969(23), p. 829.

[③] ［美］斯图尔特·格尔茨、李红霞：《选择可能性原则和法兰克福式的反例》，《国外社会科学》，2003 年第 1 期，第 60 页。

[④] 回顾一下见义勇为的快递小哥在英勇救人后接受电视记者采访时的情景吧！记者："当时你是怎么想的？"快递小哥："当时我什么也没想！"记者失望，但快递小哥说的是真话。

的诸多行为是不需要理由的;需要理由的只是非常少的一部分行为。① 这即斯图尔特·格尔茨所言的"如果没有一个实行其他行为的理由,他就不是自由地选择 A,因而也不是自由地不选择 A"——他自动地选择了 A,这种"自动"完全可以是没有理由的,就像你左腕上的劳力士手表,自动嘀嗒嘀嗒嘀嗒嘀嗒,时针它不停在转动。这里的"自动"在于:时针的转动当然是由于电力/弹簧的驱动,然而它不是"为了提醒你早上 9 点开会"而转动——钟表的结构、能源的驱动,决定了指针它"自动"会动,指针运动,有"原因"但没有"理由"。这里有必要指出,"自动"行为不同于"自由"行为,虽然许多"自由行为"本身就是"自动行为",但二者显然不同。"自动行为"不需要什么特别的理由,而且很少能用"德性伦理学"的理论来解释。

不少哲学家对 PAP 这样一种直觉性命题表示怀疑,哈里·法兰克福就是其中之一,他指出这一原则与"道德责任因被迫而豁免"这个似是而非的命题(plausible proposition)关系密切。"即使一个人处在一种不能另有作为的情况下,他也应当为他所作为的事承担道德责任。"具体化这一思想的表达是"一个人别无选择地做了些什么"(a person does something and make it impossible for him to avoid doing it.),"一个人可在一种别无选择的情况下自发地做了将会被迫去做的事"②,即"哈里·法兰克福"案例(Fankfurt-Stype Counterexamples,FSCs)。哈里·法兰克福通过思想实验构造了不满足 PAP 原则、在直觉上却依然要负责的案例,主张在这些案例中道德直觉"驳斥"(disconfirm)了"选择的可能性原则"PAP。

不妨先考察一下哈里·法兰克福最著名的案例。在这个案例里,主要人物有两个,一个叫琼斯 4 号(即 Jones₄,由于前文已有几个较小的琼斯 1 号、琼斯 2 号和琼斯 3 号而作者又偏爱"Jones"所致——笔者注),他打算实施一种行为;另一个叫布莱克,他想确保琼斯实施其既定的行为。为此,布莱克采取了给琼斯 4 号魔水(potion)、催眠等方法导致琼斯 4 号产生了一种"无法抵抗的内在冲动"(irresistible inner compulsion)去完成布莱克希望琼斯 4 号做的事——并避免做其他事。此类控制还包括了"操纵脑内进

---

① 关于"哲学标准人"的提出及其精确概念,参见郭晓《责任归因的实验哲学研究》,浙江大学博士学位论文(2017)。

② Frankfurt H G. "Alternate possibilities and moral responsibility", *The journal of philosophy*, vol. 66,1969(23), p. 830.

程和神经系统"等更为直接的方式。在以上任何情形中,可怜的琼斯 4 号都注定"别无选择"(cannot do otherwise)。

即使某人别无选择,那也只是说,并非这种情况——他那样做是因为他无法做别的事情。①(提请读者,这里是需要特别注意的地方。)鉴于琼斯 4 号可能自愿去做他将被迫要做之事,我们认为这句话本身是能够成立的——然而并不适合进一步"扩大化"的"惊险一跃"。布莱克无需显示其意图,因为"琼斯 4 号由于他自己的原因决定做并且做了布莱克所期望他去做的事。"法兰克福认为,此种情况下琼斯 4 号将承担布莱克未曾操控情况下同等的道德责任或者承受同等的荣誉归属,而不该因为"别无选择"则而被"免责"或"夺誉"。"的确,每件事都如其所应地那样发生了,而无需布莱克的现身与他'侵入'的意愿"。法兰克福指出,琼斯 4 号的行为并不由他所决定,而取决于布莱克,他别无选择只能做布莱克所希望他做的。

以上这些都是没有问题的,可是接下来却发生了"惊险的一跃":哈里·法兰克福将琼斯 4 号自愿/被迫(原因不同)去做了同一件事(结果一致)这两类情况混为同一种:"环境导致他别无选择"。这种逻辑上无差别的概括遮蔽了一个责任上有差别的事实:Jones$_4$ 主动去做某事与 Jones$_4$ 被迫去做某事,尽管最终结果相同——Jones$_4$ 做了布莱克所希望他做的事,然而二者所要担负的道德责任是不同的:前者就像在一条平直铁路上匀速前进的磁悬浮列车,轨道并没有提供一个法向的向心力;后者则像这列车正在受力转弯,尽管结果都是列车没有出轨,但你能说它们一样?这种知识论上的归纳潜藏着问题——我的意思是说,逻辑上这样归纳一点问题也没有,但是我们在此强调并将论证:道德事实总是具体的,归因规则也是如此。因此,我们无法认同这一"关键论证"。

王群会等指出:"在'法兰克福式的案例'中,琼斯之所以在别无选择的情况下还需要为自己的行为担负道德负责,是因为琼斯在实施既定行为的

---

① 原文为"Even though the person was unable to do otherwise, that is to say, it may not be the case that he acted as he did because he could not have done otherwise."见 Frankfurt H G. "Alternate possibilities and moral responsibility", *The journal of philosophy*, vol. 66, 1969(23), p. 837.

过程中自始至终都处于一种自主状态中。"①——琼斯自愿做了他将被迫要做之事。道德事实总是具体的,人们依据具体的道德事实做出道德评价。在"杀人者山姆"的案例中,也应当区分"未曾另有所为"与"不能另有所为";山姆某次未受迫、自由地杀死了市长,这与脑中未装"思想控制器"实际效果一样,因此他当然需要对此负责。山姆并未"另外做出选择"尽管他事实上已经"别无选择"——我们称之为"自由地做了被迫之事"。

换言之,"琼斯"的某种自由在该案例中显然被巧妙地剥夺了。

这种自由恰恰是哈里·法兰克福同样也在讨论的自由意志的核心所在。我们认为,"自由意志"之"自由"关键体现于"取消的自由""终止的自由""否定的自由",即"我不愿做什么"的自由,而不是"我能做什么"的自由。"否定的自由"是根本性、终极的、最重要的自由。哈里·法兰克福案例中,琼斯恰恰被剥夺了该种自由——当他"自愿去做他将被迫要做之事"时,他是没有受到阻碍或胁迫的;然而琼斯无力决定自己不去做什么;因而,在这个意义上琼斯的行为当然是缺乏自由意志的。人类的大脑中,每秒都有成千上万的神经冲动,然而只有少数冲动强大能够由潜意识进入意识,并最终转化为行动;在这些互相竞争的意识当中,我们拥有"取消的自由"——在意识中终止某种冲动的权利——这恰恰是真正的"选择的可能性",也就是琼斯被巧妙剥夺的权利。

哈里·法兰克福这样批评 PAP 原则:如果环境迫使某人不能避免去做某事,该人做了某事,那么它(选择的可能性原则——笔者注)判定该行为者无需负担道德责任,他将被赦免/宽恕(be excused)。但是这里存在某种情况使得行为者不得不做某行为——却并未出自"逼迫"(——参见前述的Jones₄自愿行事的案例——笔者注)。"这种情形显然对该行为者试图诉诸该情形来减轻正在讨论的该行为的道德责任不利"②。这一经过逻辑概括的"道德原则"(这里已不存在"道德事实"了)构成了"选择的可能性原则"的一个反例:Jones₄在"自愿地做了将要被迫去做之事",按照该原则应该是无需负担道德责任的,但这恐怕并不符合我们的道德直觉。

---

① 王群会、龚群:《道德责任归因中的自主性问题》,《天津社会科学》,2009 年第 4 期,第 45 页。

② Frankfurt H G. "Alternate possibilities and moral responsibility", *The journal of philosophy*, vol. 66, 1969(23), pp. 835-838.

由此,哈里·法兰克福将"选择的可能性原则"修正为"行动者只有在当其不能够另有作为的情况下做了其所做之事的时候,才可能不对其所做之事情承担道德责任"(A person is not morally responsible for what he has done if he did it only because he could not have done otherwise.)[①]。哈里·法兰克福论证的要点在于,尽管"被迫行事"的确逻辑地包含了"他别无选择"和"他对此免责"两重含义,然而"他对此免责"却并不被"他别无选择"所包含(entail)。

这个修正表面看起来是成功的。然而如我们所指出的,这里面潜藏着一些由逻辑引发的认识论问题。哈里·法兰克福所做的核心工作实际上并不复杂,本质而言,依然是居于思辨哲学核心的概念分析工作:将日常概念中以"选择"面目出现的"行动"一词"精炼"为哲学上的"行动"一词——甚至修正后的原则在句式上都与前者一致。"选择"的确比"行动"更为宽泛,"选择"相当于广义的"行动"。另一方面,"行动"的确也比"选择"更加接近"道德责任"。在这个意义上,高湘泽也指出:"显然,法兰克福并不是不赞同以'选择的可能性原则'作为判断行为当事人的'作为'在道德上负责和免责的基本原则,而只是不赞同此前人们对'选择的可能性原则'的含义的理解和表述方式。"[②]这是准确的。法兰克福这种"哲学精炼"也是有益的,它有助于省去其他人后续许多重复"大炼概念"耗费的哲学柴薪、精神能力以及喷飞的口水。然而,这只是一种非常有限的有益:法兰克福并没有解决作为哲学家研究对象的"哲学标准人"(Philosophical Standard Person,PSP)本身的缺陷和问题——这样也许有些苛责了,这是更宏大的一个问题。

小结一下:PAP 不能成立,哈里·法兰克福论证的结论是正确的,论证本身却是有瑕疵的,在 FSCs 中被试被剥夺了"取消的自由",被试的"另有选择"其实是"别无选择",因此,他所赋予被试的"自由"就是不够真实的自由。

---

① Frankfurt H G. "Alternate possibilities and moral responsibility", *The journal of philosophy*, vol. 66, 1969(23), p. 838.

② 高湘泽:《道德责任的负责和免责条件——评当代西方两种道德责任归因理论》,《中国人民大学学报》,2005 年第 4 期,第 48 页。

4.2 控制、部位与责任归因

归因是对"动机"的探查。"控制"是哲学责任归因中一个最为核心的概念,几乎所有解决责任归因的哲学文献都必然要——通常是首先要解决这个问题。

道德判断和道德责任与我们的意志和行为之间的关系"经常被理解为这样一种'控制原则'(control principle):只有那些对我们能够控制的因素我们才负有道德责任和被作为道德评判的对象。"①事实上,"控制原则"几乎是在考虑到道德责任归因问题的时候,我们头脑中首先出现的责任直觉;而且,看起来这是符合科学的因果性的:"控制原则似乎很好地解释了道德判断与道德责任,我们只对能够控制的因素进行道德判断和负有道德责任,超出我们控制范围的因素(如对某行动者来说体现为运气的因素)就不是道德责任和道德判断的恰当对象。"②费舍尔和拉维扎等学者认为,道德责任理论"将责任与控制以某种方式结合了起来。行为或疏漏的责任与对身体运动(bodily movement)的控制有关,行为后果的责任则与身体运动及其(身体之外世界)的外部事件的控制有关。"③神学家朋霍费尔也指出:"负责任生命的结构,由两方面所决定:由人和上帝对生命的约束(Bindung),由自己生命的自由(Freiheit)。人和上帝对生命的这种约束,被置入自己生命的自由里。没有这种约束,没有这种自由,也就没有责任"④。"约束"设置了"边界","自由"保障了"控制",二者确定了"责任"。

在哲学中,控制通常被视为"责任"的一个前置条件。比如,我们日常生活中的思考和行为"预设了这样一个前提:我们不愿、似乎也没有理由让一个人为他不能控制的事情承担责任"。多项实证证据似乎也对此提供了支

---

① 雷传平:《道德运气研究》,广州:中山大学出版社,2016年版,第9页。

② 雷传平:《道德运气研究》,广州:中山大学出版社,2016年版,第9-10页。作者指出,"道德运气"产生于如下两个相互矛盾的命题:①只有在行动者可控制之下的行动才具有道德判断和道德责任的价值;②然而事实上,我们常常将不可控的因素纳入道德判断。

③ Fischer J M, Ravizza M. "Responsibility and inevitability", *Ethics*, vol. 101, 1991(2), p. 276.

④ [德]朋霍费尔著:《伦理学》,胡其鼎译,世纪出版集团上海人民出版社,2007年版,第185页。

持。在"他人责任归因"即"人际责任归因"中,张爱卿指出,"从模型(即Werner 的'人际归因与责任推断基本模型'——笔者注)中可以看出,这里控制性归因是最为重要的。假如失败被归为由于缺乏努力造成的,它属于意志可以控制的归因,即可控制的原因。如果消极事件的原因由行为者可以控制,即如果它是'可以具有其他结果的',那么这个人被视为对此结果负有责任"①。换言之,可控担责,不可控免责。

所谓"控制"与"责任"高度相关,已经成为道德哲学的基本共识。"控制"可能是思辨哲学提供的解释"责任"的"最佳变量"。控制与责任显著相关,这一点得到了实证的反复验证。方学梅等的一项实证研究指出,控制性与责任之间的相关度 $r_{控制性—责任}$ 为 $0.256(N=164,p<0.01)$,"可控性和有意性与责任显著正相关"②。根据周方莲等人的一项实证研究,"控制性"与"责任"之间相关度为 $r_{控制性—责任}=0.863(N=309,p<0.01)$③;根据张爱卿、刘华山等人的一项实证研究,"控制性"与"责任"之间相关度为 $r_{控制性—责任}=0.384(N=238,p<0.01)$而且显著性极佳。④ 对应的"各变量间路径分析"中,作为"责任"大小的预测器,R^2 指示了"责任"能被解释的百分率,在这一"解释力"上,不同的结构方程中,$R^2_{控制性—责任}=$ 在 0.22 到 0.39 之间——最多将近 40% 的"责任"可以由"控制"单独进行解释。这意味着控制是一个非常直观的变量,如果在那么多影响因素之中选择一个的话,我们极有可能选择它与道德责任"捆绑"。

然而,"控制性"("控制")绝非"责任"的"最佳指标",它只是"责任"的"最直观指标"而已。"直观性"取代了"精确性"——人类的社会生活经常如此:哪怕是自诩"追求真理"学问,也难以免俗。

好在经典的"控制原则"正在遭遇前所未有的挑战。这些挑战主要来自两方面:(1)对"控制性"与"责任"捆绑合理性的质疑。"在新近的研究中,

---

① 张爱卿:《人际归因与行为责任推断研究综述》,《心理与行为研究》,2004 年第 02 期,第447 页。

② 方学梅、刘永芳:《从归因视角探讨组织公正感产生机制》,《心理科学》,2008 年第 1 期,第201 页。

③ 周方莲、张爱卿、方建移、李文霞:《大学生对艾滋病患者的责任归因及惩戒行为反应》,《心理科学》,2005 年第 5 期,第1217 页。该实验针对 309 名大学生展开。

④ 张爱卿,刘华山:《责任、情感及帮助行为的归因结构模型》,《心理学报》,2003 年第 4 期,第535-540 页。该实验针对 238 名管理者与被管理者展开。

Garham 和 Wieenr 认为不应该将'控制性'和'责任'混为一谈,它们是不同的概念,应加以区分。"[①](2)"道德运气"的深刻影响。越来越多的经验证据表明,人们在道德判断与责任归因过程中经常"哪怕无法控制也要坚持问责"。"道德判断和道德责任都是受运气影响的,我们在行动者无法控制的因素上也对之进行道德判断和要求其承担道德责任"[②]。"道德运气"正在深刻影响"道德责任"。

4.3 "部位"与"控制":谁更重要

证据显示,责任的"部位"(内部/外部之分)也极显著,与责任之间的相关度甚至大于"控制"! 这是多个实证实验一致报告的结果[③]。

在针对 238 名管理者与被管理者实验中[④],张爱卿等建构了一个模型与经验数据高度一致(GFI＝0.987,AGFI＝0.955,N＝238)的相关的结构方程(structural equation modeling,SEM)。其中,相关性上,$r_{部位-责任}$ ＝0.387,大于 $r_{控制性-责任}$ ＝0.384;"解释力"上,"部位"也不弱于"控制性":$R^2_{控制性-责任}$ ＝0.26(p＜0.05),$R^2_{部位-责任}$ ＝0.28(p＜0.05),"部位"乃是"责任"最大的贡献者。这一结构方程对应于"归因维度→责任推断→情感(生气和同情)、期望改变→行动",该"经典归因模型"即:

$$责任＝0.28(部位)＋0.26(控制性)－0.05(稳定性)[⑤]$$

在另外一个"模型与经验数据高度一致"(GFI＝0.985,AGFI＝0.944,N＝238)的结构方程模型中,$R^2_{控制性-责任}$ ＝0.22(p＜0.05),$R^2_{部位-责任}$ ＝0.22

---

① 张爱卿:《人际归因与行为责任推断研究综述》,《心理与行为研究》,2004 年第 02 期,第449 页。

② 雷传平:《道德运气研究》,广州:中山大学出版社,2016 年,第 10 页。然而事实上,我们认为,"道德运气"这个涵义模糊的概念本身是可以被取消的;在责任归因与道德判断中,实际上并不存在一种叫做"道德运气"的东西。

③ 需要如实报告的是,许多时候"部位"与"控制"之间也有着很高的相关度,不少报告显示$r_{部位-控制}$＞0.8,甚至接近 0.9。但需要明确的是,"部位"与"控制"还是两码事,哪怕孪生兄弟,也不能混为一谈。"部位"与"控制"二者之间不能相互替代。

④ 张爱卿、刘华山:《责任、情感及帮助行为的归因结构模型》,《心理学报》,2003 年第 04 期,第 537-538 页。

⑤ "责任"总值不为 1 是由于还有其他责任因素未被列入考察,下同。

（p＜0.05），"部位"与"控制性"同为"责任"最大的贡献者。该结构方程对应于"归因（包括三个维度：部位、控制性、稳定性）→情感反应（包括生气和同情）、期望改变→责任推断→帮助行为"；该"'认知与情感的双向关系'模型"即：

$$责任＝0.22（部位）＋0.22（控制性）－0.10（稳定性）$$
$$＋0.16（生气）－0.09（同情）＋0.13（期望）$$

周方莲等的实验数据显示[1]，$r_{部位-责任}＝0.879（N＝309，p＜0.01）$，$r_{控制性-责任}＝0.863（N＝309，p＜0.01）$，$r_{部位-责任}＞r_{控制性-责任}$。在对应的结构方程中，$R^2_{控制性-责任}＝0.39（p＜0.05）$，$R^2_{部位-责任}＝0.53（p＜0.05）$，"解释力"上"控制性"依然小于"部位"。

"责任"与"部位"、"控制"的相关性和解释性

责任		相关性（r）	解释性（R^2 或 β）
实验 1[2]	部位	0.387	0.28
	控制	0.384	0.26
实验 2	部位	0.387	0.22
	控制	0.384	0.22
实验 3[3]	部位	0.879	0.53
	控制	0.863	0.39
实验 4[4]	部位	0.488	0.507
	控制	0.104	0.073

某些实验则给出了更为惊人的结果：部位显著影响了责任判断，而"控制性"则对此全无影响！夏勉、江光荣等进行了一个较大规模（有效样本量

---

[1] 周方莲、张爱卿、方建移、李文霞：《大学生对艾滋病患者的责任归因及惩戒行为反应》，《心理科学》，2005 年第 05 期，第 1217 页。

[2] 张爱卿、刘华山：《责任、情感及帮助行为的归因结构模型》，《心理学报》，2003 年第 04 期，第 537-538 页。实验 2 同实验 1 数据来源相同，具体结构方程不同。

[3] 周方莲、张爱卿、方建移、李文霞：《大学生对艾滋病患者的责任归因及惩戒行为反应》，《心理科学》，2005 年第 05 期，第 1217 页。

[4] 夏勉、江光荣：《个人责任归因对心理求助行为的影响》，《中国临床心理学杂志》，2007 年第 02 期，第 218 页。

合计为 850)的实证研究[①],其中"部位和可控性对责任推断的多元线性回归"结果表明,"内部-外部归因显著影响责任推断,而可控性归因对责任推断没有显著影响"! R^2(即 β,标准化回归系数)$_{控制性—责任}=0.073$($p<0.05$),$R^2_{部位—责任}=0.507$($p<0.01$)。如果该大样本实验没有系统偏差的话,那么这将是一个惊人的结论。

结合上表不难发现,所有的实证都指向同一个结果:在责任归因的问题上,无论是"相关性"还是"解释力","部位"都全面优于"控制"。换言之,如果选一个变量进行解释,"部位"才是最佳选择,而非"控制"。

"部位"与"责任"之间的密切关系还体现在其他方面。"部位"(即"归因部位")指主体更偏向于"内部归因"还是"外部归因",即更倾向于归因于行动主体本身还是外部环境条件。对"归因部位"的偏好甚至可以构成人类个体的一种显著的"人格"。不同的人具有不同的"人格",从归因部位的维度上划分,可以分为"内控型人格"/"外控型人格";二者分别具有从内部/外部进行责任归因的典型倾向。证据显示,对于同样的结果,内控被试的"责任感"比外控被试要大。索涛等人的研究表明,"内控被试和外控被试对反馈结果的快速认知评价过程存在着显著差异":"内控被试的'做'与'不做'行为结果诱发的情绪强度和责任感没有差异,而外控被试的'做'行为诱发的情绪强度和责任感都比'不做'行为诱发的明显大,这也在 FRN 和 P300 这两种与结果评价相关的特异性脑电成分上得到反映。"[②]结论指出:"这说明本研究通过以内—外控这一人格变量为中介变量操纵责任归因强度这一自变量是有效的。"[③]事实上,责任归因部位的这一"内部/外部"维度已经得到了如此广泛的验证以至于许多心理学研究将之视为一个"操纵变量"(operational variable)。然而奇怪的是,这样一种心理学的"新常识"却未能充分进入伦理学的视野——他们的文献都只是哲学/伦理学"学科内"的,这真令人遗憾。

---

① 夏勉、江光荣:《个人责任归因对心理求助行为的影响》,《中国临床心理学杂志》,2007 年第 02 期,第 218 页。

② 索涛、冯廷勇、顾本柏、王会丽、李红:《责任归因对"做效应"的调控及其 ERP 证据》,《心理学报》,2011 年第 12 期,第 1438 页。

③ 索涛、冯廷勇、顾本柏、王会丽、李红:《责任归因对"做效应"的调控及其 ERP 证据》,《心理学报》,2011 年第 12 期,第 1437 页。

4.4　结论与讨论

实证的结果显示,在"责任归因"问题上,哲学家们似乎存在一种简单化的倾向。

我怀疑问题还是出在哲学工具上。思辨哲学家们过度依赖的"直觉"工具可能并没有那么精良——它固然有着便易、适用范围广泛、测量迅速的优点,可是在精确度上多少存在一些缺陷。换言之,作为多功能工具,"直觉"有着良好的"通用性"——量程极佳,然而最小区分度太低——事实上这也是许多广谱测量仪器的固有缺陷——如果我们不指望(也不该指望)用游标卡尺去测量赤道周长,不指望(也不该指望)以滴定管去"蠡测"千岛湖库容,那么我们同样不该指望凭"直觉"去区分一些过于精细的认知差异,因为这些差异已经超出了直觉的"最小区分度"。此外,直觉也不太适于一些过程性而非结果性的东西:此类"直觉测量"的有效性相当可疑。① 只有适宜的工具才能进行适宜的测量——准确、误差小;我相信所有的哲学家都不会拒绝这一个论断。只是问题在于,他们可能并没有意识到自己手中的工具陈旧而且有些过时了,这"祖传"的宝贝儿某些方面的优越性能显然遮蔽了其显而易见、不容忽视的缺陷。

"直觉"固然是一盏指引前行的灯笼,却不足以照亮每一块铺路石的纹理。为了探明这些细致纹理,我们必须启用更精细的放大镜,在有些情况下甚至要诉诸显微镜。直觉重要却并不万能。许多时候,尤其是在道德冲突和道德困境面前,不同直觉之间的"不一致"往往会暴露出来,常常导致"直觉冲突"②。不同的直觉在直觉冲突中彼此竞争、相互辩驳,每一种直觉都是其各自论证的起点,每一位"哲学人"都用他自己的直觉去为该种直觉的进一步推理和结论辩护,这样的直觉论证可能陷入循环论证。"对于那些拒绝接受其论证前提的人而言,这种论证无法从逻辑上甚或概率上说服他们

---

① 郭晓,盛晓明:《哲学家直觉的构造及其正当性反思》,《科学技术哲学研究》,2016 年第 5 期。
② 郭晓,盛晓明:《新工具与实验哲学的未来》,《自然辩证法研究》,2014 年第 7 期。

接受"①——于是你来我往,哲学论争总是呈现出一派欣欣向荣的"前科学"②景象。

我们实在是太需要一种跨直觉的哲学共识达成机制了!

4.5 道德运气

4.5.1 "运气"与"道德运气"

什么是"运气"? 哲学家尼古拉斯·内斯卡尔(Nicholas Rescher)指出,"运气"有两个基本特征:(1)"就某人认识和能力所及,影响他的那件事情的出现是偶然的、意料之外的";(2)"在评价得失时,那件事情具有重要的作用"。他继而指出生活与运气的密切关系:"有的人幸运,而其他人不幸,这就是生活";"只要人类生活继续,运气就会在此领域扮演一个重要角色。"由此,"运气""引发了理想和现实生活之间的深层矛盾。"的确如此,因为我们显然多少也都能感受到"运气"对人类生活的诸多影响。有的时候,这种影响会强大到一种不可思议的程度——比如,十年前的你有没有在一线城市买房? 五年前呢? 如果都没有,那么恐怕你很难称"幸"。(——如果尊敬的读者您跟我一样"不幸",那么请宽恕我的无礼;如果您足够幸运,那么由衷地祝贺您。)

这就是运气。

内容上,运气具有"不可控"(至少是"看起来")或称"因果的主观随机性"特征。当我们无法认清具体的因果作用时,我们就倾向于认为"运气"出现了:"正是由于事物之间因果联系本身的复杂性,这些在因果律制约下产生的事件看起来是随机的,而事实上,这种随机性是由主观缺乏控制力造成

---

① [美]托马斯·库恩:《科学革命的结构》,金吾伦、胡新和译,北京:北京大学出版社,2003年版,第87页。

② 这段话存在对库恩关于范式竞争论述的有意模仿。库恩讲:"当不同范式在范式选择中彼此竞争、互相辩驳时,每一个范式都同时是论证的起点和终点。每一学派都用它自己的范式去为这一范式辩护。"见于[美]托马斯·库恩:《科学革命的结构》,金吾伦、胡新和译,北京:北京大学出版社,2003年版,第87页。

的。"通常认为,运气与"控制"密切相关,以至于很多时候连运气的定义都离不开"控制":"如果有些事情不是我们能够控制的,但又可以有意义地影响我们的幸福,那么我们就把这样的事情称为运气。"因此,运气经常是一种"主观体验","是被运气遭遇者'经验'(experience)为不可控制的事件,而不是事实上的随机和偶然事件。"形式上,"运气"具有"建构性"("被经验到")的特征。运气也包含了两方面的内容:(1)结果的"偶然性"(by accident);(2)运气对运气承受者具有重要意义(significantly evalutive status)。① (1)意味着"控制"与"认识"的缺乏:运气的承受者(主体)对运气事件首先是缺乏"控制",其次也缺乏对该事件直接的因果认知;(2)则表明了"运气"与主体的相关性。

我们很自然地联想起"道德运气"。伯纳德·威廉姆斯(Bernard Williams)和托马斯·内格尔(Thomas Nagel)最早提出了"道德运气"(Moral Luck)的概念,通过将"道德"(morality)与"运气"(luck)进行区分和比较,开启了他们的最初讨论。与"运气"相对应,"道德运气"即指"行动者在道德实践方面所遭遇的运气,即在对具有道德意义的行动或行动者进行道德判断或道德责任归附时那些超出行动者认识和控制范围的因素"。简言之,道德运气就是道德事件中那些未知/不可知的不可控因素。

不过并非所有人都允许"道德运气"的存在,例如康德。康德似乎是否认"道德运气"之存在的——他主张"道德领域免于运气"的原因在于,无论"运气"如何影响我们外在的行为和选择,它都不能影响我们的内在"意志"。康德式的"意志"被视为道德评价的"正当对象","一个善的意图,即出于对道德义务和道德法则本身而出发的意图,而不是由于人的自然偏好所形成的意图,无论行动的结果是什么样,它本身仍然具有道德价值。而一个恶的意志是无条件恶的,哪怕出于这个意图的行为客观上促成了事态的良好的一面,它的道德性质也不能由于它导致的实际结果而得到改变。"由于我们

---

① 雷传平《道德运气研究》中的顺序是"认识与控制",我们认为"无控制"是一种更加普遍和广泛的情况,即存在不少"有认识但无控制"的情况,因此顺序为"控制和认识"。"意义"的问题则更具有普遍的主体差异性,这种差异是如此明显,以至于可能同一件事对不同运气承受者具有完全不同的意义,例如世界杯冠军争夺赛上最后阿根廷和德国之间那枚决定胜负的乌龙球——这是对未来事件的预测。

拥有这样一种"意志的自由"(即通常所说的"第三种自由"),所以"内在意志或可普遍化主观动机也就可以与'控制'和'免于运气'等概念联系起来。"换言之,康德是道德上的"内在主义"者——否认了运气的存在和作用。不过,我们的兴趣并不在于进行这样一种哲学史的追问,我们的兴趣在于,搞清楚道德哲学中一些核心的事实。

我们关心的问题是,"道德运气"事实上到底存在不存在? 如果存在,它又如何发挥作用? 对此,借助实验哲学的支援,我们进行了实证考察。

4.5.2 "道德运气"与"道德事实"

首先看这个经过汉化和改编了的经典案例——某些读者或许对此曾有过相似的经验:

(a)老司机玉井三(Cursa)醉酒驾车行驶在乡间小路上,尽管有些颠簸,他还是顺利地把车开回了自家车库里。除了挨了老婆的一顿骂——他那时已然酣睡并没有听见,第二天中午宿醉醒来,他就"又是一条好汉"了;

(b)小司机王良四(Schedir)醉酒驾车行驶在乡间小路上,尽管有些颠簸,他还是顺利地把车开到了离家两公里的地方,马上就要到家了。跟着玉井三一起赴宴归来,这两个酒肉朋友兼邻居各自开着各自的车——都是2017年新款的路虎揽胜运动版P400e,他紧跟着玉井三。忽然,车前灯照出迎面窜来的一个人影——嗯,好像是一个小孩。嗯,嘭!!! 刹车来不及了,撞了上去——第二天《星空晚报》的"本埠新闻"头条就是《醉酒驾车撞死幼童,待业青年后悔莫及》,结尾则是常见的"等待肇事者王良四的,将是法律的严惩!"——警钟长鸣。(这里需要交代一下的是,待业青年买路虎的钱来自于他们家城中村的拆迁款;事实上这位待业青年还有多套房产在"自如"和"贝壳"收租。)

(c)他们共同的朋友参宿五(Bellatrix)忍不住感叹:"玉井三这混蛋运气真好! 王良四这小子点子真悖时!"因为的确,他们前后只差了不到一分钟的时间——除此之外并没有什么不同。你已经知道他们连车都是一模一样同一天买的——也都是醉酒驾驶的犯罪行为,却获得了截然不同的结果。第二天下午,在看到晚报新闻确认主角是自己的朋友王良四后,玉井三吓出了一身冷汗,从此再也不敢酒后驾车——这是后话。

由此看来,(a)、(b)之间的差异只能归结于"道德运气"了,只有"道德运气"才能解释他们之间不同的命运。"道德运气"在这里具有一种惊人的说服力。"由于我们缺乏对运气的作用和地位的实质性分析,运气成为人们道德生活中造成分歧和混乱的重要根源之一。"在(a)、(b)之间,道德运气看起来似某种程度地消解了经典的道德责任归因——(a)中幸运的老司机玉井三不仅在法律上被豁免而且在道德上也被"运气"所拯救:他值得被豁免和拯救,因为他甚至都没有造成任何普通公众可以理解的"恶的后果";(b)中倒霉的小司机王良四"活该"被惩罚,因为他直接带来了公众最难以容忍的杀身之恶。当"运"具体化到每一个人身上的时候,我们悠久的文化早已为我们备下一剂熨帖心灵的良药:"命"。这是命,"一命二运三风水"的"命",是一种预置于生命个体的"运"。很自然地,人们将会追问,"道德运气是否真的会成为消解传统道德责任的因素?"

这需要可靠的证据来回答,而不仅仅是拍脑袋的"思辨"。

普通公众到底如何理解"道德事实"与"道德运气"? 对此,借助实验哲学的方案,在 2017 年我们进行了样本总量为 218 的实证考察。样本中性别分布为:男性 71 名占比 32.57%,女性 147 名占比 67.43%;年龄分布以青年为主,19—25 岁的居多数共 188 名占比 86.24%;被试学历背景以本科或在读本科为主,计 152 名占比 69.72%;被试的高中知识背景中,文科、理科正好各占一半,各有 109 名占比 50%。研究采用的案例是"懒惰的袖手旁观者",以及两个可以与之比较的改写版。研究通过"问卷星"(www.sojump.com,现网址已更改为 www.wjx.cn)具体实施。在研究中,我们特别关注了道德事实是"具体的"还是"抽象的",以及"道德运气"到底如何发挥作用的问题。具体而言,我们试图考察:(1)"道德事实"对"道德运气"是否敏感,以及如果敏感到底有多敏感? (2)在公众的责任判断中,"道德事实"是具体的还是抽象的,以及对责任判断有何影响?

案例:懒惰的约翰

约翰是一个懒惰之人。有一天他在海边散步,看到一个落水

儿童在水中呼喊救命。约翰相信,他不用费多少力气就可以救起
那个落水儿童。但由于他懒得费任何力气去帮助任何人,所以他
决定不去救那个儿童,照样继续散步。结果那个儿童溺水而死。
*约翰并不知道,当时正好有一群鲨鱼从落水儿童和他散步的海岸
之间游过。即使他跳入水中去搭救这个儿童,也不可能成功,因为
他会被鲨鱼吃掉。*在这种情况下,即使人们可以认为约翰在道德
上应当对没有试图救人承担责任,但人们却不应当要求他在道德
上对没有能够救成人承担责任,因为鲨鱼的出现使得他不能成功
地救人。(斜体部分为本文所设置和强调——笔者注)

关于"道德事实"和"道德运气",这是一个很好的案例。

我们对其稍加改造,只改动这一句:"约翰并不知道,当时正好有一群鲨
鱼从落水儿童和他散步的海岸之间游过。即使他跳入水中去搭救这个儿
童,也不可能成功,因为他会被鲨鱼吃掉。"为①"在海滩上空漂浮的热气球
上的爱丽丝(*Alice*)发现,当时正好有一群鲨鱼从落水儿童和他散步的海岸
之间游过。即使他跳入水中去搭救这个儿童,也不可能成功,因为他可能会
被鲨鱼吃掉。"

看起来,①的句子替换掉原文不会产生什么影响,无非是引入了一个漫
游过仙境的目击者而已。让故事继续,①后边还有如下故事:

②但是看见鲨鱼的爱丽丝并不知道,这些鲨鱼是一群生物学家利用精
密的机器制造的高度逼真的仿生鲨鱼,用以模拟生物和观察海洋生态。它
们的动力来源是内置的锂电池,它们并不吃人。①

---

① 这里有必要交代清楚,②句描述的并非传统的道德哲学家和伦理学者所熟悉的"理想实
验",而是当今世界的科技现实。案例中让"生物学家"来研发"机器鱼"也仅仅是为了照顾哲学读者
的习惯认知,实际上目前的仿生鱼都不是生物学家制造的。"机器鱼"之类的"柔性机器人"已经在
地球上的海洋里"试航",首先将从事密不传人的工作——出于军事的用途。我本人也已亲眼目睹
了这类"机器鱼"的灵活与逼真。仅仅在中国,就有浙江大学航空航天学院李铁风、黄志龙团队研制
的"鳐鱼(蝠鲼)"、中国科学院自动化研究所的研究人员研制的"海豚",国外则有美国麻省理工研制
的非软体的机器鱼 SoFi 等。"该机器鱼(本处具体指浙大研制的'鳐鱼')采用高弹体骨架为身体以
及扑翼结构提供支撑,具有极高程度的软体化和透明化。机器鱼通过电压驱动控制,依靠自身携带
的小型化高压电源和控制系统,突破性地实现了快速机动性(最大运动速度为 6cm/s)和长时续航
(在 450mAh 的锂电池供能下运动 3 小时)。此外,软体化、透明化的特性还可以大大提高机器鱼的
环境适应效果,保证它可以更容易、安全地通过狭窄区域。"(谭菲君)毕竟,哲学家与科学家之间有
着深深的隔膜和整体上彼此无视的学科传统;这对哲学家而言可能尤其是一种灾难。

或者换一种更有趣的表达：

③但是看见鲨鱼的爱丽丝并不知道，这群鲨鱼都已经中了西域白驼山欧阳锋著名的蛇毒，生存无望；唯一还没中毒的那只上面坐着一个诨号"老顽童"的人——周伯通，嘴里有一根欧阳克所插的木棍；另外一些鲨鱼尽管现在还活着，但也将在极短的时间内死去——无论是大白鲨、牛鲨还是沙虎鲨，无论它们过去曾经吃掉多少人，此刻它们共同的特点是都再也无法吃人。

在②、③那样的情形中，只要"懒惰的约翰"愿意施以援手，救起那个落水的孩子还是很有希望的。

在这些情境中，人们对于"懒惰的袖手旁观者"的责任是如何判定的？我们据此构造了三个清晰的情境来进行考察：

---

(1)情境 A：约翰没有救人

约翰是一个懒惰之人。有一天他在海边散步，看到一个落水儿童在水中呼喊救命。约翰相信，他不用费多少力气就可以救起那个落水儿童。

但由于他懒得费任何力气去帮助任何人，所以他决定不去救那个儿童，照样继续散步。

结果那个儿童溺水而死。

在海滩上空漂浮的热气球上的爱丽丝（Alice）没有发现任何异样。

---

(2)情境 B：约翰没有救人且鲨鱼存在

约翰是一个懒惰之人。有一天他在海边散步，看到一个落水儿童在水中呼喊救命。约翰相信，他不用费多少力气就可以救起那个落水儿童。

但由于他懒得费任何力气去帮助任何人，所以他决定不去救那个儿童，照样继续散步。

结果那个儿童溺水而死。

在海滩上空漂浮的热气球上的爱丽丝（Alice）发现，当时正好有一群鲨鱼从落水儿童和约翰散步的海岸之间游过。即使他跳入水中去搭救这个儿童，也不可能成功，因为他可能会被鲨鱼吃掉。

（3）情境 C：约翰没有救人且鲨鱼存在，但鲨鱼并不吃人

约翰是一个懒惰之人。有一天他在海边散步，看到一个落水儿童在水中呼喊救命。约翰相信，他不用费多少力气就可以救起那个落水儿童。

但由于他懒得费任何力气去帮助任何人，所以他决定不去救那个儿童，照样继续散步。

结果那个儿童溺水而死。

在海滩上空漂浮的热气球上的爱丽丝（Alice）发现，当时正好有一群鲨鱼从落水儿童和约翰散步的海岸之间游过。即使他跳入水中去搭救这个儿童，也不可能成功，因为他可能会被鲨鱼吃掉。

但是看见鲨鱼的爱丽丝并不知道，这些鲨鱼是一群生物学家利用精密的机器制造的高度逼真的仿生鲨鱼，用以模拟生物和观察海洋生态。它们的动力来源是内置的化学燃料电池，它们不会吃人。

情境 A、B、C 之间的差异通常被视为"道德运气"——由事件当事人未知的"外力"——作用所致。我们对三种情境中的道德责任归因问题进行了实证考察。考察前我们预测：（1）由于存在"明显的懈怠"，公众会判断约翰在这三种情境中都将对儿童的死负担相当比例的责任；（2）在这三种情境中，公众判断约翰在情境 A 中所需负的责任最大，在情境 B 中所需负的责任最小，在情境 C 中所需负的责任居于情境 A、B 之前；（3）"道德运气"在 A、B、C 三个相似的情境中发挥了重要作用。

有趣的是，结果足以令扶手椅上的思辨哲学家（Armchair Philosopher）震惊。首先，并没有多少公众认为在"情境 A"中"懒惰的约翰"需要负什么责任——哪怕是拒绝了"举手之劳"的救人一命。相反，多达 62.39% 的公众甚至认为约翰完全无须对此负责！仅有 37.61% 的公众认为约翰需要对

儿童的死亡负责,这些公众认为约翰需要负担比中等稍大一点的责任,具体数值为 4.76(数字"1"代表不需要负任何责任,数字"4"代表需要负担中等(一半)的责任,数字"7"代表需要负全部的责任。)——这肯定是一个令康德主义者不满的结果。"情境 A"的结果显然以切实的证据在定性的层面上继续支持了"懈怠的责任"或"消极的责任"之类的道德哲学主张,同时在"定量"的层面上又对此类主张有所削弱或者说是"限定",因为"明显懈怠/过失"的后果并未带来等量强度的"责任配置"。如果继续坚持认为"懈怠"的行为会直接诱发等量"责任",显然缺乏依据。这表明在相关论证中,"懈怠"与"责任"的关系可能需要进一步更精细的测量,"懈怠的责任"结构也许比我们想象得更加精细。

在最有利于"懒惰的约翰"的情境 B 中,认为约翰需要对此负责的人更少了:只有 25.23%,大约四分之一的公众认为他需要对儿童的溺亡负责。在这些认为约翰需要负责的公众中,约翰需要负担的责任值也降为 4.49,中等稍偏右一点点;与情境 A 中的强度(4.76)差不多。这就有意思了,数据表明,人群中似乎总有一些人会以很高的道德水准("舍生取义",具体而言就是哪怕会被鲨鱼吃掉,也不能"看着小孩子被淹死")要求别人;至于会不会同样严格地要求自己,我们没有考察。1/4 的公众似乎在道德上持一种很高的"对外标准"。

跟我们的预测一致,在介于"情境 A"和"情境 B"的"情境 C"中,认为约翰需要对儿童的死亡负责的公众占比 29.36%——占比也介于"情境 A"和"情境 B"的占比之间;在这些认为约翰需要负责的公众中,其需要负担的责任值为 4.59——同样介于"情境 A"和"情境 B"的责任值之间。这就有趣了。因为"从严格的角度看","情境 A"和"情境 C"从道德后果等各方面看都是相同的:都由于完全相同的懈怠造成了完全相同的后果,而且"旁观者视角"的爱丽丝告诉我们,"情境 C"与"情境 A"的"道德事实"也相同。因此,公众理应做出相同至少是相似的判断才对——然而分析显示公众对"情境 C"与"情境 A"中约翰所需负责的判断显著不同。其中的差异是否可以解释为,"道德运气"的细微差别,导致了如此不同的道德判断?

4.5.3 "道德运气"与"道德事件"

此前的许多研究似乎都将"道德运气"视为"道德事件"之外的独立存

在。然而,公众的判断似乎表明,"道德运气"是道德事件的构成而非消解要素。不难发现,要么任何道德事件都存在"道德运气",要么所有的道德事件都不存在"道德运气"。[①] 事实上,有研究者已经提出过类似观点,主张道德运气无所不在:"即使意志本身的行为不受先前环境的决定,也可能受行动者的倾向、能力和气质的影响;即使不受行动者的倾向、能力和气质的影响,也可能受行动者所处环境的影响;即使不受行动者所处环境的影响,行动者所获得的道德评价还是会受行为结果方面运气的影响。"[②]我们发现,所谓的"道德运气"居然是道德事件的内在部分——"同一个"道德事件可能会有许多不同的版本,但每一次不同"道德运气"的介入将产生看起来相似但实质上不同的道德事件序列——它们都是生动的、具体的。在情景模拟(或称"思想实验")中,通过相同"基线"(baseline)与不同"道德运气"操纵的组合,叠加了特定"道德运气"的道德事件相当于进行了特定操纵的"个案实验"——我们无法将不同的个案称为"同一个",它们是不同的。结合案例可以看出,"懒惰的约翰"作为同一基线,热气球上的旁观者爱丽丝三次不同的发现作为"道德运气",其介入带来的是"同一道德事件的三个版本",还是"三个不同的道德事件"? 前者意味着"外在论"——"道德运气"与"道德事件"的相对分离,而后者则支持"内在论"——"道德运气"与"道德事件"的密不可分。实证的结果显然更加支持"内在论"——"道德运气"内在于任一"道德事件",而且不容"提取"。

实际上,我们和新近不少道德哲学的研究成果都表明,实证取消了此前扶手椅哲学家那种"道德运气"与"道德事件"相分离的独立地位,使得"运气"因素不可避免地"平庸化"至普通的"道德事件构成要素集合"中去了。所谓的"道德运气"只是"道德事件"的构成要素——最普通的构成要素之一;只有在扶手椅的"思辨"中,它才被赋予了一种格外重要的认知地位;今天我们还发现,这种"特别的认知地位"其实并无必要。即使为了方便的目的将"道德运气"拎出来单独讨论,也还是应当记清楚,并没有能够独立于具

① 正如库恩所指出的"科学理论"与"反例"之间的关系一样:"要么任何科学理论都不曾面临过反例,要么所有科学理论始终都面临着反例。"([美]托马斯·库恩:《科学革命的结构》,金吾伦、胡新和译,北京大学出版社,2003 年版,第 74 页。)"道德事件"和"道德运气"之间的关系也是如此。

② 转引自雷传平:《道德运气研究》,广州:中山大学出版社,2016 年,第 22 页。原文为 Daniel statman 于 *Moral luck* 中提出。

体道德事件的"道德运气";另一方面,与"道德运气"相分离的那个基线的版本的"道德事件"很多情况下只存在于虚构中。换言之,道德运气与道德事件紧密捆绑在一起,不可分离。

4.5.4 "道德事实"是具体的还是抽象的?

在道德运气和道德事件、责任归因之间,不存在一个一般性的抽象原则。所有的"道德事件"都是具体的,甚至对应的"道德事实"也可能是建构的——这取决于一个"道德事件场",取决于当事人的作为、也取决于有无"旁观者"(Observer 或 Bystander,在责任归因中当强调"观"时可以用 observer 突出主体的"非介入",强调"旁"时可用 bystander 突出距离上的"近切性"者;而中文的"旁观者"则兼具了"近切"之"旁"和"非介入"之"观"的双重涵义。)在"懒惰的约翰"系列三个案例中,我们已经看到"旁观者"的重要作用。提请注意,"旁观者"是道德事件中一个重要性经常遭到忽略的关键要素,通过前述案例不难发现,旁观者的存在深度介入了道德事件本身,介入了道德事实的形成与道德结果的评价。实际上,"道德事实"经常是一种建构,它跟哲学直觉一样,对表达者的身份、语言形式甚至道德案例呈现的先后顺序敏感。道德事实中的"相关性"乃至事实本身,都可能是一种旁观者建构;与"观察渗透实验"相似,道德"事实"也是"浸透"建构的。所有"道德事实"就其本质而言,都是某种程度的"道德建构";这并非试图取消"道德事实"的相对独立性,而是强调道德事实的"认识论依赖"(哲学从"形而上学"向"认识论"转向的动力也在于此)、"旁观者依赖"。概言之,"道德事实渗透道德建构"。

道德事实通常是具体的。道德哲学家亚当·弗格森(Adam Ferguson)指出,"实践,或无论何种操作,尽管都受一般法则的约束,但总是涉及特定事实。"作为"实践"的"道德事件"也不例外,总涉及特定的道德事实。另一方面,数据表明在公众看来,道德事实总是具体的(P1)。或者换言之,"责任归因的事实总是具体的"。正如"懒惰的约翰"案例情境 A、B、C 所指出的,在相同的"基础事实"上加以不同的"修饰细节"——哪怕加上的是最轻微的"运气",也会导致公众对该道德事实的认知发生明显变化。传统的一种观点认为"能吃人的鲨鱼的存在"对"懒惰的约翰"而言是一种运气的成分,"如果没有能吃人的鲨鱼"或者"如果约翰不那么懒惰"的话,"儿童就可以获救",这样单独拎出来的抽象假设不仅没有现实意义而且也没有理论价值,因为没有那种想象中的抽象道德事件。

换言之,不存在这样的道德事件序列:

A—A'—A''…—Aⁿ'　　　　　　("道德事件"序列一)

而只存在这样的道德事件序列:

A—B—C—…—G　　　　　　　("道德事件"序列二)

它们之间有着本质的不同。有的道德论者假想,由于道德运气的作用,使得序列一的基线 A 在不同的道德运气作用下形成了 A'、A''乃至 Aⁿ'这样同构的道德事件序列,然而这并没有得到实证数据的支持;公众对 A、A'、A''序列事件的道德责任判断相差甚远。以"道德运气"修饰的 A—A'这样的事件序列一被证伪——他们以为 A"运气"作用一下就成了 A',其实"道德运气"这么小小地一撇(')早已将 A 撇成了一个完全不同的 B!看起来,似乎"道德运气"在孤立的道德事件内部("道德事件"序列一之中)不存在。当然,矛盾并非是"道德运气"自身不存在,而是"道德事件"序列一不存在。

至此,我们走向了两个深刻的结论 P1 和 P2:

道德事实总是具体的。(P1)

这一结论将对我们后续的道德哲学讨论产生积极影响。实际上,P1 可以扩展为"道德事实总是具体的、建构的。"也能成立。

"道德运气"不独立存在。(P2)

P1 容易接受,P2 看起来是一个很强的、有些反直觉的判断。P2 相当于宣布,我们的老熟人"道德运气"是时候退场了!然而,如实证所指出的,P2 只是否定了传统意义上、道德事件"内部"的运气(A—A'序列的运气),这种扶手椅哲学家假想出来的"运气"的确不存在;即"要是…那么…"这种假设句式中的运气是虚幻的,因为人们在进行责任归因的时候会把"要是"之后与之前的事件分开看待。因此尽管"反直觉",如果要反对 P2 这一结论,那可能需要更多的证据——实证证据。在被更多的实证证据推翻之前,我们最好谨慎地承认,要么道德运气"不存在",要么即使存在也不以我们当前理解的方式发生作用。或许"道德运气"本身就是个不恰当的名字,但它所代表的那种可能的作用却是客观真实的。换一种我最为赞同的温和的表述：

"道德运气"并未消失，而是以一种"预置"的方式介入到道德事件中，成为其一部分。（P3）

显然，此前我们误解了"道德运气"的存在和作用方式。小结一下，本章的要点在于报告：（1）实验哲学的实证在定性的层面上肯定了"懈怠的责任"之主张，又在"定量"的层面上对原来"责任的大小"与"懈怠的程度"之间线性的关系提出了调整的要求；（2）我们误以为道德运气作用前后的道德事件还保持着"同一性"，实际却是最细微的"道德运气"也足以令"道德事件"变成一个新的道德事件。而"懒惰的约翰"系列案例中，公众对道德运气的认知和责任归因的判断为我们提供了极具启发性的借鉴。不难发现，命题P1、P2 和 P3 其实是紧密联系的，它们共同描绘了我们进行道德判断和责任归因的一些与"道德运气"相关的基本特征。

4.6　"归因"与"懈怠"

4.6.1　"近因"与"远因"

亚里士多德指出："自愿的行为就是行为的动因在行动者自身中，而且他也是知道行动具体情况的。"这意味着不仅（1）行动者是主动的；而且（2）行动者了解其行动的"具体情况"。这些"具体情况"应该包括：逻辑上的"直接原因"和"间接原因"，时间上的"近因"和"远因"等。

例如，一个由于突发心脏病——不可预期的原因导致对所驾驶的车辆失去控制、随后撞坏了一辆正常行进中的宝马的司机马腹一（Agena），和另一个同样失去意识的酗酒过后的司机五车二（Capella），除了同样要赔付别人那辆车或者那辆宝马之外，他们的境遇是不同的。醉酒的司机五车二被视为"有意"地撞车——他非常清楚已经发生的这一事故这是必然的，这里面就是"远因"在发挥作用——亚里士多德已经"预见"，司机五车二是"知道行动的具体情况的"，他清楚酗酒和失去控制之间的关联（这种关联在有常识的人们那里是有效捆绑的）；因此，尽管是同样的"近因"导致了相同的后果，在责任归因中，由于"远因"的不同，人们对他们的责任分配是非常不同的——醉酒驾驶机动车的五车二,将"由公安机关交通管理部门约束至酒醒,吊销机动车驾驶证,依法追究刑事责任;五年内不得重新取得机动车驾驶证。"

这种区分近因、远因的问责规则同样也适用于司机玉井三(Cursa)、王良四(Schedir)、参宿五(Bellatrix)——适用于所有的人。

这里存在两种等效的解释:1. 当近因相同时,人们还会考虑"远因";2. 在某些场合里,人们并不关心近因/远因这样一种区分,而是将二者"捆绑销售"。我们推测,后一种可能性更大——如果某种"不自主"的状态是主体自主选择的结果的话,那么我们认为这种"不自主"也不能构成免责条件。由此得到一个假设:

(H)在责任归因过程中,"自主"是可以传递的。(更准确的表述是,"自主"可以单次传递)

4.6.2 懈怠的责任

多数哲学家认为,"疏忽"和"懈怠"也是需要相应负责的。弗兰西斯·哈奇森(Francis Hutcheson)认为:"那些通过深谋远虑和谨小慎微本可以避免的事情,虽然它们现在已经变成不可避免的,它们多多少少是人们自愿的行为,因而是可以承担责任的;不管它们的发生是由于人为的原因,还是由于纯粹的自然原因。"[①]

当我们在谈论"行动"(action)的时候,最好不要忘记了还有"零行动"或者"默认行动"——不行动,即"null action"。零行动是基准行动、标准配置,却总是被我们忘却。它通常发挥"终止"的效用。这种忽视可能与道德哲学家们整体上对神经科学家们的工作陌生有关:事实上我们人类的大脑中每时每刻都有大量的冲动,然而大多数都被我们"中止"了,只有少数获得了"放行"。例如在哈里·法兰克福案例中,一系列的 Jones 们完全可以选择中止或者放弃行动:这才是真正的自由。

"自由意志"中的自由是"负面"的自由、否定的自由,中止的自由!——这是神经科学家里贝特等人的实证研究报告的合理推论。(关于本点我们

---

① [英]弗兰西斯·哈奇森著:《道德哲学体系·上》,江畅、舒红跃、宋伟译,杭州:浙江大学出版社,2010 年版,第 215 页。

将另文论述）

道德责任中，"作为"与"不作为"（"懈怠"）是不对称的。"'作为'和'懈怠'各自负责或免责的条件是不对称的，对'作为'承担责任是无条件的，它并不需要以拥有可供选择的行为可能性为条件；而对'懈怠'承担道德责任则是有条件的，它必须以拥有可供选择的行为可能性为先决条件。"①费舍尔和扎拉维的《责任与不可避免性》一文对因果关系进行了区分，将之分为"事实性的因果关系控制"/"管制性的因果关系控制"。高湘泽指出："'事实性的因果关系控制'是指在事实性的序列中存在的、事实上导致当事人某一特定'作为'或'懈怠'及其特定后果的那种控制，它不涉及有无可供选择的另行其事的可能性。'管制性的因果关系控制'又叫'反事实性的因果关系控制'，它存在于'候补性的序列'之中，既可以导致某一行为的产生，也可以使该行为不产生或导致产生另外的行为，所以它涉及并包含着可供选择的另行其事的可能性。"②而该种"管控性的因果关系控制"实质就是"反事实思维"（conterfactual thinking）。

在责任归因中，我们对积极责任和消极责任的追溯距离不同，对"消极责任"的追溯距离显然更长一些。弗兰西斯·哈奇森（Francis Hutcheson）认为，行为后果"包括所有随着这一行为而发生的事情，以及假如这一行为被疏忽而不会发生的事情"③不过，无论积极还是消极，总是有两种值得肯定的品质：勤奋和慎重。"当其他条件是一样的时候，对于责任，我们的勤奋和慎重越大，我们的品质就越好；我们的勤奋和慎重越少，我们的品质就越糟。"④

底特·本巴赫尔（Birnbacher. Dieter）则认为："消极责任与积极责任处于同一位次，主要是从逻辑学方面而不是从心理学方面而言的。"⑤具体

①　高湘泽：《道德责任的负责和免责条件——评当代西方两种道德责任归因理论》，《中国人民大学学报》，2005年第4期，第49页。

②　高湘泽：《道德责任的负责和免责条件——评当代西方两种道德责任归因理论》，《中国人民大学学报》，2005年第4期，第49页。

③　[英]弗兰西斯·哈奇森著：《道德哲学体系·上》，江畅、舒红跃、宋伟译，杭州：浙江大学出版社，2010年版，第217-218页。

④　[英]弗兰西斯·哈奇森著：《道德哲学体系·上》，江畅、舒红跃、宋伟译，杭州：浙江大学出版社，2010年版，第222页。

⑤　底特·本巴赫尔：《责任的哲学基础》，《齐鲁学刊》，2005年第4期，第129页。

而言：

"作为一种消极行为（忍耐或克制），其所必需的因果关系好像并不存在。奇怪的是，这并没有阻止我们因此而归咎相应的责任，也没有阻止我们这样认为：在伤害可被阻止的情况下，不阻止就是'引起'严重伤害的原因。如今，人们不是把因果关系看成一种积极的'推动'，而是把因果关系解释成一个充满各种条件的场域，这一场域可以是积极的，也可以是消极的。就'导致'消极后果而言（无论是由于忍耐或克制，还是由于缺乏一定自然基础的无能为力状况），一种充分发展的因果关系可能并不亚于一种积极的行动。"

事实上，消极责任的推断标准恰恰在于：选择的可能性。换言之，消极责任的归断是这样的：

$$Y(不良后果)\quad R(需要负责)$$
$$\exists yY(y)\rightarrow \exists xR(x)$$

通常，作为个体的 x 需要对此"承担消极责任"。事实上，这非常类似于科学哲学中"证实"与"证伪"之间的不对称，证实一个命题需要穷尽命题所包括的全部判断，而证伪一个命题只需要提出 $\forall x$ 就可以了。

逻辑上不难看出，较之"积极责任"，消极责任即懈怠责任具有更远距离的追溯性。

根据费舍尔和扎拉维，两种因果关系及其问责或免责条件关系如下：

事实性因果关系控制→对"作为"及其后果负责 （充分条件）
反事实性因果关系控制（管控性因果关系控制）→对"懈怠"承担道德责任
（先决条件）

据此控制，"行为当事人的'作为'和'懈怠'在道德责任负责和免责条件上具有不对称性"[①]。

高湘泽认为，"可作为原则"不尽完善：首先是，"对'懈怠'承担道德责任，也不一定要以行为当事人拥有可供选择的另行其事的可能性为先决条件"；其次在于，"'可作为原则'，在对'懈怠'的道德责任的负责条件的理解上失之过窄，从而导致其在对'懈怠'的道德责任免责条件的理解上必然失

---

① 高湘泽：《道德责任的负责和免责条件——评当代西方两种道德责任归因理论》，《中国人民大学学报》，2005 年第 4 期，第 49 页。

之过宽"①。简言之,一方面行为者可能会"别无选择"地对"懈怠"承担责任,另一方面是行为者可能会对"本该具有的能力"但却不具有导致的"懈怠"承担责任,这被作者称为"远因性因果关系控制":

"如果行为当事人在这一结果出现之前有能力预见这一有害后果,并能够在较早的某一时间采取适当措施来防止这个后果在随后某一时间的发生,他就是拥有对这个有害后果的远因性的因果控制,并因而既应当对后来发生的这一后果本身承担道德责任,也应当对作为引起这一有害后果的原因——因自己身体上的无能而造成的'懈怠'行为——承担道德责任。"②

抽象地看,这当然是能够成立的,可能的模糊之处在于,这里的"远"是逻辑上的还是时间上的?我们又以什么样的标准来区分这种"远/近"?事实上,"远近"因的区分最可能成为引起混淆的地方。不过无论如何,看起来我们好像越来越接近于一种有希望的责任归因理论了。

---

① 高湘泽:《道德责任的负责和免责条件——评当代西方两种道德责任归因理论》,《中国人民大学学报》,2005 年第 4 期,第 52 页。

② 高湘泽:《道德责任的负责和免责条件——评当代西方两种道德责任归因理论》,《中国人民大学学报》,2005 年第 4 期,第 53 页。

5 责任归因的实验哲学研究

如本书第一章所述,随着技术工具的进步,责任归因的研究也获得了新的便利条件。事实上,已经有实证工具可以客观显示"责任"的大小:FRN(feedback error-related negativity,反馈错误相关负波)和 P300 脑波。广泛的证据表明:反馈相关负波(feedback related negativity,FRN)和 P300 是结果评价中两种特异性脑电成分。FRN 是由反馈结果呈现后 250~300ms 内诱发的一个负偏向脑电成分,其最大波峰位于大脑头皮矢状中线前中部。证据表明,"FRN 对结果的责任感敏感,个体对结果所负的责任感越大,FRN 波幅越大,反之 FRN 波幅越小。"[①]LI 等人研究发现,FRN 和 P300 都对责任感的大小敏感,被试对结果的责任感越强,诱发的 FRN 和 P300 波幅也越大。

证据进一步表明,情感强度与责任归因"一致":"被试单独犯错时的情绪强度、责任强度和 f E R N 的波幅,都强于另外两种条件,而 1/2 和 1/3 之间没有明显差异;而被试反事实思维的强度以及 P 3 00 的波幅大小,则会随着责任大小的变化而变化[②]"。

不过,本书呈现的证据主要来自心理学和实验哲学,而非脑科学。

---

① 索涛、冯廷勇、顾本柏、王会丽、李红:《责任归因对"做效应"的调控及其 ERP 证据》,《心理学报》,2011 年第 12 期,第 1431 页。

② 张慧君、周立明、罗跃嘉:《责任对后悔强度的影响:来自 ERP 的证据》,《心理学报》,2009 年第 5 期,第 459 页。

5.1 责任归因的影响因素

5.1.1 意向性与责任归因

"意向性"主要是指"有意/无意"的判断,它对"责任归因"有重要的影响。意向性与责任归因之间有着怎样的关系?

约书亚·诺布(Joshua Knobe)2003 年率先提出了我们对"有意行动"归因不对称的现象,该现象也被称作"诺布效应"(Knobe effect)。诺布效应一般被视为"道德判断对意图的反作用",当结果是好的时候,人们倾向于认为实施者是无意而为的;当结果是坏的时候,人们倾向于认为实施者是有意而为的。诺布效应自提出以来,"有更多的研究利用与 Knobe 该研究类似的材料证实了该现象的稳定性和显著性"[1]。不过,也有研究显示,"诺布效应"并非普遍存在。

由于意向性与归因的密切关系,我们决定在东方文化环境中进行考察。此前国内曾有过一次考察,但由于样本量太小(30)导致信度偏低,我们展开了样本容量为 218 的实证,决定自行收集数据。

1."意向性"对"归因"有无影响?(在中国,"诺布效应"是否成立?)

为了便于直接比较,我们照搬了诺布的例子,同时在实验中进行了随机化以避免"顺序效应"的影响。

危害版(版本 A)

一位公司的副总裁到董事长面前,说:"我们正在考虑开始一项新的计划。它将帮助我们增加利润,但它也会危害环境。"

董事长回答:"我才不管什么危害环境。我只想获得尽可能多的利润。让我们开始这项计划吧。"

他们开始了这项新的计划,环境果然被破坏了。

改善版(版本 B)

一位公司的副总裁到董事长面前,说:"我们正在考虑开始一项新的计

---

[1] 杜晓晓、郑全全:《诺布效应及其理论解释》,《心理科学进展》,2010 年第 1 期,第 92 页。

划。它将帮助我们增加利润,还会有益于环境。"

董事长回答:"我才不管什么有益于环境。我只想获得尽可能多的利润。让我们开始这项计划吧。"

他们开始了这项新的计划,环境果然从中受益了。

对危害版(版本 A)的材料,我们的提问是,"这位董事长是不是有意危害环境的?"对改善版(版本 B),我们的提问是,"这位董事长是不是有意改善环境的?"这是对"意向性"的考察。除此之外,与国内外其他研究不同的是,我们还增加了"定量考察"的部分,即分别要求"认为有意危害环境"的人判断"如果是有意危害环境的,那么这位董事长应该为此负多大的责任?";要求"有意改善环境"的人判断"如果是有意改善环境的,那么环境的改善应该在多大程度上归功于这位董事长?"

结果非常有趣。

"危害环境"的意向性:

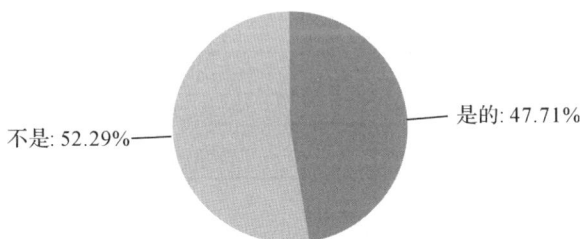

不是: 52.29%　　是的: 47.71%

"改善环境"的意向性:

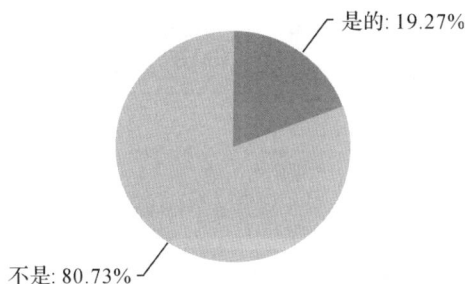

是的: 19.27%

不是: 80.73%

由图可以直观看出,47.71%的公众认为董事长"有意"危害环境,而仅有 19.27%的公众认为董事长"有意"改善环境。"危害"与"改善"之间存在着显著的不对称,"危害环境"的意向性明显大于"改善环境"的意向性。换言之,"诺布效应"在中华文化环境中可以成立。不过,有趣的是,"有意"判断的公众都没有超过总体的一半。事实上，这是启发我们获得一个重要发现的关键。

此外，即使都是"有意"的，其意向性的程度也有所差别。董事长需要"负责"的程度大于他应该"载誉"的程度。在 7 点制 likert 两表中，前者的均值为 5.76 而后者的均值为 4.86。因此，"诺布效应"不仅有定性的维度，还有定量的维度，而后者始终未被重视过。

2.人们在"意向性"归因上还有哪些特点？

由于注意两种情况下到"有意"判断的公众都没有超过总体的一半，我们推测性别变量可能在其中起到了关键作用。由于实验中我们没有人为控制性别比例，问卷回收完成发现 218 个样本中女性占据了 147 名而男性仅有 71 名；不过这不对数据分析产生任何负面影响，但是会对一些描述性统计结果带来直接影响——例如前述的"危害环境"意向没有超过半数就与男性样本偏少有关。

这位董事长是不是有意危害环境的？

X/Y	是的	不是	小计
男	43(60.56%)	28(39.44%)	71
女	61(41.50%)	86(58.50%)	147

这个董事长是不是有意改善环境的？

X/Y	是的	不是	小计
男	21(29.58%)	50(70.42%)	71
女	21(14.29%)	126(85.71%)	147

交叉分析结果如下：

(1)被试间效应明显。即男性、女性在与此相关的责任归因上存在显著不同。$F(1,16)=7.141, P<0.01(P=0.007)$。容易看出，无论是"危害"还是"改善"，男性在"有意性"的判断上均显著高于女性；在"危害环境"的有意性判断上是女性的 1.46 倍，而在"改善"环境的有意性判断上是女性的 2.07倍！我们猜测，男性可能对意向性的认定有着更为宽松的标准。如果猜测成立，那么这将是对思辨哲学"意向性"问题的一个重要贡献。

(2)被试内效应显著，即无论单独的男性、女性，都存在将结果的道德性纳入到"意图"中进行归因考量的特点。

（3）认为"危害环境"和"改善环境"情况下都需要负责的人群中,性别无差异。$F(1,29)=5.044$,$P=0.033$。即,"强负责"观者在中华文化的人群中占比稳定。

这些发现此前均未被报告。我们认为,最值得关注的一点即是,性别在责任归因上扮演了如此重要的角色！——而我们经典的"扶手椅哲学家"却在长达千年的时间里对此置若罔闻！有人提醒我,再给一千年,只要工具不更新换代,扶手椅哲学家们照样会对此置若罔闻却又争执不休。这表明,"性别"在我们的责任归因中扮演了一个不容忽视的角色。

当然,我们也有合理的理由怀疑,其他一些因素,如年龄、教育情况和收入等也会扮演各自的角色。我们对责任归因和道德判断的"实然"问题非常感兴趣——这乃至"应然"的必要前提。我们将继续探寻。

5.1.2　帮助与责任归因

证据表明,无论是"寻求"还是"提供"帮助,都与责任归因密切相关。首先看"求助":"对亚洲人或中国人的研究都发现,因心理问题所带来的污名(stigma)和羞耻是妨碍个体求助的重要原因,而责任归因则是导致污名产生的原因之一。"[①]换言之,求助带来的污名是阻碍人们求助的关键原因。就求助行为而言,夏勉等发现,"Logistic 回归结果表明,可控性归因对求助行为影响显著,而责任推断和内部—外部归因对求助行为没有显著影响"。可控性与求助行为显著相关,可控性越高,越不会去求助;可控性越低,越倾向于求助:"如果个体认为导致心理问题的原因是可控的,那么相对于不可控制的原因来说,当事人更可能产生负面的结果,包括情绪的(如产生心理压力)、认知的(如知觉到别人对自己可能的不良反应)、行为的(可能会延迟求助或不求助)。"[②]"如果心理问题的可控性归因增加一个单位,则求助的

---

① 夏勉、江光荣:《个人责任归因对心理求助行为的影响》,《中国临床心理学杂志》,2007 年第2 期,第 217 页。

② 夏勉、江光荣:《个人责任归因对心理求助行为的影响》,《中国临床心理学杂志》,2007 年第2 期,第 219 页。

可能性减少 18.8％。"[①]可控性是求助行为的一个好的预测变量,责任推断不是。

我们推测这里的一个原因在于,被试的"求助"行为是一种社会化的行为,因此"求助者"必然会考虑到被求助者或旁观者的态度,对于"可控"原因导致的结果而言,社会更容易产生负面、较低的评价,这些负面和较低的评价本身就是被试寻求帮助的一种可以预见的阻力。既然如此,还不如干脆"自己干";这样起码可以无须通过求助行为而暴露自己的失败、能力不足或者其他不愿意为社会或施助者得知的"隐私信息"——这可能正是"可控性"对个人责任归因没有显著影响的原因所在;不管可控不可控,反正结果都一样。毕竟,"如果接受他人的同情与怜悯,这种情感就会转化为低能力归因的前提,进而引起羞愧"[②]。换言之,求助、帮助行为本身所遵守的归因逻辑和隐含的社会意义,可能构成了对"求助、帮助"本身目标价值的一种削弱和否定。

5.1.3 报复与责任归因

"报复行为是攻击行为的一种,是指当事人在其利益受到侵害的时候,所发起的反击行为。"[③]责任归因中的"有意性"即"意向性"的有无会直接影响报复行为。

研究表明,"有意性"与责任、生气、报复均呈显著正相关($r_s = 0.586$, $0.511, 0.319; P_s < 0.01$)。此外,责任与生气、报复均呈显著正相关($r_s = 0.656, 0.381; P_s < 0.01$);生气与报复呈显著正相关($r = 0.401; P < 0.01$)。在著名的 Weiner 序列(归因→责任→情感→行动)中,在责任和意向性之间,行为原因的有意性对责任的推断有显著贡献($\beta = 0.857$);在张爱卿等提出的"情感与责任推断双向关系模型"(归因(如有意性)→情感(如生气、同

---

① 夏勉、江光荣:《个人责任归因对心理求助行为的影响》,《中国临床心理学杂志》,2007 年第 2 期,第 219 页。

② 张爱卿:《人际归因与行为责任推断研究综述》,《心理与行为研究》,2004 年第 2 期,第 448 页。

③ 张爱卿、周方莲:《责任归因与报复行为的结构方程模型研究》,《中国临床心理学杂志》,2003 年第 3 期,第 221 页。

情)→责任推断→行动)中,有意性对责任的贡献也不小,$\beta=0.857$。[1]

其结构方程模型如下:

报复攻击=0.246(生气)+0.161(责任)-0.025(同情) (数值为路径系数(path coefficients))

有趣的是,东方文化环境下的被试们在即使明确判断对方的行为是"有意"的前提下,也很少确定地进行报复行动;(在该"用力损坏崭新自行车"的情景中)"尽管行为的有意性高,均值接近最高值7,但报复行为的均值则处于中等水平(3.931),低于Weiner的假设和西方有关研究的情况"[2]。

在中文语境中,我们进行了样本总量为218的相关实验。结果证实了我们的推测,即无论是明显的"有意"还是"意外"情境下的意外事件,中文语境中的"攻击性报复"都很低(问题为:如果你是第一名学生,你会用攻击性行为来报复吗? 比如向第二名学生的车投石头,或采取其他行动。选项为:数字即星星的个数越大,代表同意的程度越高。数字"1"代表完全不同意这种说法,数字"4"代表有中等(一半)程度的同意意思,数字"7"代表完全同意这种说法。):在"意外的"条件下值为2.49,在"有意的"条件下值为2.60,甚至比张爱卿等人的实验中"报复性"更低;考虑到案例中的报复是采取的"扔石头砸他人的车"这样一种暴力情景,可以推测在其他温和情境下报复意向应该会有所提升。实验表明:尽管"有意"状况下的"暴力报复"高于"意外"状况下的报复,但提升不多;特别是东方文化环境下的被试在"有意的"情况下的报复,显著低于同等条件下的西方被试[3]:

---

[1] 张爱卿、周方莲:《责任归因与报复行为的结构方程模型研究》,《中国临床心理学杂志》,2003年第3期,第222页。

[2] 张爱卿、周方莲:《责任归因与报复行为的结构方程模型研究》,《中国临床心理学杂志》,2003年第3期,第222页。所提的研究指:Wei ner B. "Intrapersonal and interpersonal theories of motivation from an attributional perspective", *Educational Psychology Review*, vol. 12 2000(1), pp. 1-14.

[3] 具体实验见文末附录。由于是相同实验、都采用了likert7点量表,因此数据可以直接拿来比较。

条件差异	西方	中国
"意外的"	1.82	2.49
"有意的"	3.18	2.60

这可能与我们文化中一贯倡导的"和为贵"有关。显然中华文化是一种"和为贵"的文化或者说是一种妥协的文化;然而这种"无条件妥协"很可能恰恰是导致有的人嚣张跋扈的原因。当然也不排除我们对"邪恶势力"背后的强大背景的恐惧,特别是在法制与法治尚未足够健全的国家,"报复"并不意味着问题的终结,反而往往是新一轮麻烦和问题的开始;换言之,较之"和"文化(harmony culture),我更倾向于将之归因于法制与法治的不够健全和对新一轮"反报复"的恐惧。当然,这也需要新的经验证据。

5.1.4　批评、惩戒与责任归因

与我们的直觉相一致的是,"从总体上说责任和批评程度的得分基本保持一致。也就是说责任的推断与批评程度保持一致,责任高批评程度也高,责任低批评程度也低"[①]。然而其内部差异则非常明显。

哲学家休谟指出了责任归因与批评、惩戒的一般因子——"人际关系"与"心理倾向":"一般说来,一切责备或赞美的情绪,都是随着我们对于所责备或赞美的人的位置远近,随着我们现前的心理倾向,而有所变化的。"[②]他还指出影响同情的一些人际亲密度因素:"我们对于接近我们的人比对于远离我们的人较为容易同情;对于相识比对于陌生的人较为容易同情;对于本国人比对于外国人较为容易同情。"[③]概括而言即是:人际距离越近,同情越容易发生——这自然是容易理解的。

惩戒行为对于高水平的合作、社群的团结非常重要,也是"责任归因"的重要目的之一。周方莲、张爱卿等利用"情景模拟"的方法进行考察,设置了

[①]　张爱卿、刘华山:《行为责任归因与批评程度的关系》,《心理发展与教育》,2003 年第 3 期,第 3 页。

[②]　[英]休谟著:《人性论·下》,关文运译,郑之骧校,北京:商务印书馆,2010 年版,第 624 页。

[③]　[英]休谟著:《人性论·下》,关文运译,郑之骧校,北京:商务印书馆,2010 年版,第 622 页。

"归因部位×可控性"的两组情景[①],考察了"责任归因"与"惩戒行为"之间的关系。他们发现,"其行为反应序列为:起因→自身→较高责任→较高生气类情感反应、较低同情类情感反应→较高惩戒行为。另外,控制性与上述变量之间的相关情况与部位相似,其变化趋势为:起因→可控→较高责任→较高生气类情感反应、较低同情类情感反应→较高惩戒行为。"[②]这验证了Weiner的发现:不可控性提高同情,降低生气。

较之"引起"生气,"相同份额"的责任会"减少"更多的同情:$R^2_{责任—生气}=0.50(p<0.05)$,$R^2_{责任—同情}=-0.57(p<0.05)$。同时,关于"惩戒行为",责任推断贡献了0.28($\beta=0.28$,$p<0.05$)的解释,情感反应(生气和同情)也影响了惩戒行为($\beta=0.20$,-0.19,$p<0.05$)。[③]

张爱卿、刘华山等指出,在"内在/外在"×"可控/不可控"×"稳定/不稳定"的变量研究中,"责任推断又成为管理和教育等领域中处罚决定的前提条件,特别是在失败行为中,个体对其行为所承担的责任,会影响到处罚的程度"[④]。他们指出,同等条件下"内在可控原因"所致的失败,将招致最严厉的批评:"在个体由于一贯不努力而造成失败时,应对其行为承担相对来说最高的责任(在7点评分制中M=5.876),应受到相对来说最严重的批评(M=5.775)"。[⑤] 如果原因"可控",则内在归因比外在归因具有更多的责任、对应更多的批评;如果"不可控",则内在归因比外在归因具有更少的责任和对应更少的批评。至于"稳定"与否,则代表着"一贯/一时"的差异,"内在的可控制的原因往往与高责任和严重批评相联系。"而类似生病或者"身体不舒服"这类一般被视为"内在不可控不稳定"的原因得到了最低的责任归因和最小数量的批评。

---

① 具体情境为:情景1:X某,因为生病在一次手术中因接受输血而被感染艾滋病(外部不可控)。情景2:Y某,因为性关系混乱导致感染艾滋病(内部可控)。见周方莲、张爱卿、方建移、李文霞:《大学生对艾滋病患者的责任归因及惩戒行为反应》,《心理科学》,2005年第5期,第1217页。

② 周方莲、张爱卿、方建移、李文霞:《大学生对艾滋病患者的责任归因及惩戒行为反应》,《心理科学》,2005年第5期,第1217页。

③ 周方莲、张爱卿、方建移、李文霞:《大学生对艾滋病患者的责任归因及惩戒行为反应》,《心理科学》,2005年第5期,第1218页。

④ 张爱卿、刘华山:《行为责任归因与批评程度的关系》,《心理发展与教育》,2003年第3期,第1页。

⑤ 张爱卿、刘华山:《行为责任归因与批评程度的关系》,《心理发展与教育》,2003年第3期,第2页。

　　无论是在归因成分还是在归因维度上,责任都与批评密切相关:"在各维度上责任与批评程度的均值和排名完全保持一致","在各归因成分上责任与批评程度的变化趋势十分一致。""批评—责任"二者几乎是一种线性正相关的关系——各个维度上责任与批评的均值和排名都保持完全一致。不过有趣的是,无论在何种条件下,"批评"的值都略小于"责任"——这很好地体现了人类的仁慈。值得进一步研究。

　　"搭便车"(free rider,或作"搭顺风车",在经济学中有著名的 free rider problem)是普遍存在的现象,如在道德责任归因问题中,"搭顺风车者特别是指那些从某条道德规范的社会效用中获得了益处,而他自己却不遵守这条道德规范的人"①。在归因惩戒过程中,搭便车者会受到怎样的责罚?

　　"程序正义"和"结果正义"在哪里都是很重要的,在惩戒行为中具体化为"公平"和"严格"。对惩戒行为而言,"公平性和严格程度往往成为两个重要的衡量标准"②。Farwell 等指出:"以行动者对其消极结果所应承担的责任大小为依据进行处罚是公平的,而以总的处罚严重性程度为依据进行处罚是严格的。"③王水珍等对此进行了中国情境下的实证研究。他们采用 liket5 点量表,进行了样本容量为 99 的关于行为责任归因与处罚公平性、严格性的考察。其考察中,"成就情景"包含了"能力＋努力"两个因素。研究表明,"工作一直不努力是行动者可以控制的,对其失败的结果行动者负有责任;而能力低则是行动者难以控制的,对其失败的结果行动者无责任"④。在此方面,人们认为,"努力"是一个"可控因素",而"能力"不是一个可控因素。如果稍加思索,我们就应该不难意识到,二者之间在许多条件下都可以转换:持续地"努力"往往可以赢得相应的"能力",而特定的"能力"乃是某些"努力"的必要前提和基础。不过,在具体的某一次/某一类责任归因中,"努力"和"能力"之间的界限还是相对清晰可辨的。

---

　　① ［德］诺博托·霍尔斯特(Norbert Hoerster)著:《何为道德:一本哲学导论》,董璐译,北京:北京大学出版社,2014 年版,第 97 页。
　　② 王水珍、张爱卿:《行为责任归因与处罚公平性、严格判断的关系》,《心理科学》,2005 年第 5 期,第 1156 页。
　　③ 王水珍、张爱卿:《行为责任归因与处罚公平性、严格判断的关系》,《心理科学》,2005 年第 5 期,第 1156 页。
　　④ 王水珍、张爱卿:《行为责任归因与处罚公平性、严格判断的关系》,《心理科学》,2005 年第 5 期,第 1157 页。

与我们的直觉一致，"公平"就意味着"责罚一致"——就像刑法中强调的"罪刑法定原则"：法无明文规定不为罪，罪罚的程度与其行为的社会危害程度——对应："公平性判断除了与消极结果相关外，与行动者在导致消极结果的行为中所应承担的责任有关。"这里有趣的其实是行为的责任归因与处罚"严格性"之间的关系。王水珍等指出，"严格程度判断与行动者在导致消极结果的行为中所应承担的责任大小无关，只与两个行动者所受到的总的处罚严重性相关。"——这似乎是一种"不讲道理"只讲"严厉程度"的严格性，这验证了 weiner 的判断："对两个行动者总的处罚严重程度越高，严格程度判断得分越高，与行动者是否要对其消极结果负责无关。"[①]

责任归因中似乎存在比较鲜明的"结果导向"："公平"与"结果"密切捆绑。发现中国人在进行公平判断时比较强调平等原则，对取得同样消极结果的两个行动者实施相同的处罚（同时进行口头批评或扣除奖金）时最为公平。——却忽略了两个行动者在能力/努力方面的差异——Weiner 的"标准被试"（在校大学生被试）则考虑到了这些因素，王水珍将之解释为"参与者差异"：其被试包含了大量的职业人员，"作为社会成人的管理者和被管理者们在进行处罚决策评定时，在强调道德的同时也会更理性，尤其是在竞争性的行业中，人们会更强调活动的结果。"概括而言，在责任归因相关的"处罚公平性、严格性"中，人们强调"结果导向的'公平'与总量导向的'严格'。"

我们推测，在一个合作性/成长性的环境中，人们更加注重"过程公平"即"程序正义"，而在一个竞争性的环境中，人们更加注重结果公平即"实质正义"：利益立场决定了人们的归因偏好。就"发展心理学"而言，应当是幼儿偏爱实质正义，青少年转向程序正义，而成年人又回归于实质正义——利益说话。

5.1.5 人际关系、角色类型与归因

就本质而言，人是社会性动物。

亚里士多德曾极富先见地在《政治学》中指出了这一点："从本质上讲人是一种社会性动物；那些生来离群索居的个体，要么不值得我们关注，要么

---

① 王水珍、张爱卿：《行为责任归因与处罚公平性、严格判断的关系》，《心理科学》，2005 年第 5 期，第 1157-1158 页。

不是人类。社会从本质上看是先于个体而存在的。那些不能过公共生活，或者可以自给自足不需要过公共生活，因而不参与社会的，要么是兽类，要么是上帝。"这段话同样出现在埃利奥特·阿伦森（Elliot Aronson）的名著《社会性动物》的扉页上；在这一点上，马克思也有强调："人的本质并不是单个人所固有的抽象物，在其现实性上，它是一切社会关系的总和。"[①]这被简化为著名的"人的本质是一切社会关系的总和"而广为传布。可以合理预测，人的社会角色及相应的人际关系，将会对责任归因产生重要影响。事实也的确如此。

这种"普遍人性"将会非常深刻地影响我们人类的责任归因。

在角色类型影响归因方面，非常有趣的是：（1）人们会以自己为中心，以社会关系的亲疏远近建立一个"由内而外"的归因模式，对自己倾向于"内部归因"，对朋友和陌生人则倾向于"外在归因"。王茹、石志远等指出，"当人们处在不同的立场并且与情境中的人物有一定的关系时"[②]，人们的归因可能会有所不同。他们通过 likert7 点量表，对 120 名被试进行了调查。问卷通过角色扮演，引入了被试与行为者的三种不同人际关系：朋友、陌生人与竞争对手。通过情境引入、呈现行为经过和考察归因过程及好感度变化，发现"角色类型主效应及其与人际类型的交互作用均不显著，人际关系类型主效应显著（P<0.05）"，"角色类型差异不显著（P>0.05）；人际关系类型主效应及其与角色类型的交互作用均显著（P<0.05）"，具体而言，"角色类型在朋友水平上达到了显著性水平"而"人际关系类型在自己水平上达到了显著性水平"——这表明，我们期待着朋友能扮演好他/她的"角色"——因为朋友是困境之中我们可以求助的人，而"自己"也应该明白自己的"位置"，明确自己与他人之间的关系。在人际类型的变异来源为"自己"时，简单效应分析中，"朋友（4.90±1.71）＞竞争对手（2.90±1.37）＞陌生人（2.80±1.40"[③]则说明我们事实上的确明白自己的"人际位置"，也会努力满足社会的"期待"——我们发现，"自己"一旦和"朋友"角色互换，就可以非常有效地

---

① 马克思、恩格斯：《马克思恩格斯全集》第 1 卷，北京：人民出版社，1956 年版，第 18 页。
② 王茹、石志远、程乐森：《人际关系与角色类型对归因过程及情感变化的影响》，《中国健康心理学杂志》，2014 年第 12 期，第 1824 页。
③ 王茹、石志远、程乐森：《人际关系与角色类型对归因过程及情感变化的影响》，《中国健康心理学杂志》，2014 年第 12 期，第 1825 页。

解释该研究,并整合该研究结果。

(2)与自己利益关系越密切,对于负性结果,我们越倾向于为其"外部归因"——这有助于他/她减轻责任,以及相继而来的惩罚;与自己的关系越疏远,我们越倾向于为其"内部归因",这会导致他承担更多的责任和惩罚——这或许对我们是"有利"的,特别是当被归因者是我们的竞争对手时尤其如此:"在内部归因维度上,角色类型在朋友水平上达到了显著性水平,即在角色类型为自己时更愿意相信朋友的行为是外部原因所致"[①]。"涉及自己时,被试更多地卷入情境之中,除了对朋友存有更多的信任,其中还可能有社会赞许度的影响,外部归因,容易保持自尊心,体验到更多的积极情绪;其次,人际关系类型在自己水平上也达到了显著性水平。同一事件,涉及自己时,人们将朋友的行为归为外在的,其次是竞争对手,最后才是陌生人"[②];由于这里的情境是负面的("肖天"放弃了帮助被两个社会青年围住的"我"或"小阳","远远地经过,走了"),因此归结为"不得已"的外因更有助于"我"的尊严、荣誉和社会声誉。

(3)可以发现我们对特定的角色是有所期待的。在"朋友不帮助"案例中("肖天"放弃了帮助被两个社会青年围住的"我"或"小阳","远远地经过,走了"),"虽然朋友与自己比朋友与他人在归因上更偏向外部归因,但是朋友与自己的情感变化要比朋友与他人大得多。"负性结果的外部归因较之内部归因更像是一种"免责归因",即"不得已而为之"——本情境中的外部归因为"肖天走开是因为他没看到你/小阳被欺负",是"客观原因":相同的情境下,"朋友不帮助自己"较之"不帮助别人",被更多视为是"外部原因"所致——他不是不愿意帮助我,只是没看到而已(——因此,他一旦发现我受困,很可能就会过来帮助我的);然而,尽管理性已经认识到这一点,情感上我们还是难以接受,于是产生了较大的落差(情感变化大)。事实上,"朋友不帮助"情境下的外部归因本身就有利于"我们"社会声誉和尊严的维持;而对朋友的"失望"可能是一种促使朋友感到内疚从而引发道歉、补偿以及后期改正的动力。因此,这种反应是非常合理的。情境中的内部归因为"肖天

---

① 王茹,石志远,程乐森:《人际关系与角色类型对归因过程及情感变化的影响》,《中国健康心理学杂志》,2014 年第 12 期,第 1826 页。

② 王茹,石志远,程乐森:《人际关系与角色类型对归因过程及情感变化的影响》,《中国健康心理学杂志》,2014 年第 12 期,第 1826 页。

走开是因为害怕被牵连",这样的行为以及归因对一个"朋友"而言是无法接受的。"患难见真情"即是此种检验友谊的试金石,由此我们不难理解这一归因特点。

对于"竞争对手不帮助"的情感变化也说明了这一点:"对于竞争对手,人们的前后情感变化最小,尤其当角色类型为自己时。"这是由于"人们最初对竞争对手的感情基调就不是很好,甚至并不期待其对自己或他人有什么帮助。"没有期望,自然也就无所谓"失望"。不过,"竞争对手"不帮助他人的行为仍然会引起旁观者对其好感度的下降,"围观"的确是一种"进步的力量"——或许我们对此都有所体会,比如哪怕是在陌生人面前也都比独自一人时更加慷慨。不过,在这里"期望全距"可能发挥了某种作用,以百分制计,我们对朋友的期望通常可能位于 60—100 之间,对陌生人的期望可能位于 20—80 之间,而对竞争对手的期望很可能只有 0—40 之间;同样一件事可以轻易地引发前者"剧烈的情感变化"而对最后者的影响则"顶多不过40",存在情感计量的"全距受限"(restriction of range)问题,这既会导致"低相关"的结果,也不利于进行比较。这里有一个简单的例子,中国 A 股市场上的"贵州茅台"[600519]与"工商银行"[601398]的股价如果"跟随大盘一起涨跌",那么相同时间内前者的变化幅度将轻易超越后者的变化幅度——甚至后者每股股价,因为后者的波动"全距受限"。

我们猜测,如果将案例换成正性的即"帮助"模式("朋友帮助""竞争对手帮助""陌生人帮助"),那么前后情感变化量大小的排序可能反而是:竞争对手＞陌生人＞好朋友:竞争对手给了我们"惊喜",陌生人展现了"温暖",朋友则是"一如既往地可靠"。不过,这需要实证证据的支持。

5.1.6 "我"效应与自我责任归因

前边考察的都是他人责任归因判断,一旦涉及我们自己,情况会不会有所不同? 阿伦森指出,自我中心思想(Egocentric Thought)和自利偏差(Self-serving Bias)是"自我"影响社会认知的两种一般方式[①],前者是说,"一个人容易认为自己更接近于事件的中心,而实际上并非如此"——我们

---

① (美)E.阿伦森著;邢占军译《社会性动物(第 9 版)》.北京:新华出版社,2001 年版,第 104-105 页。

在许多回忆录中看到重大历史事件的参与者们似乎发挥了比当时真实的他们完全不相称的巨大作用,"仿佛他们是当时的主角,处于控制和影响事物进程和他人行为的位置";后者自利偏差(self-serving bias)则是指,"人们有把自己的成功归结于个人因素而把自己的失败归结于环境因素的倾向"。总体而言,它们将导致"好事归我,坏事归他"。这两个"一般方式"显著影响到了所有与"我"有关的责任归因问题。

"孩子是自己的好"这一现象如此普遍以至于可以成为一条法则。对此,有一种解释是"主张与信仰/偏好的适应(耦合)"理论:"每个人都偏爱自己的主张——不是因为这是他(她)想出来的,而是该主张与他(她)的潜在信仰和偏好相适应。"①丹·艾瑞里(Dan Ariely)指出:"一旦我们认为自己制造了某一事物,就会强烈地感觉到自己已经拥有了它——我们就开始对'我们'创意的有用性和重要性做出过高的评价。"②——孩子是自己的好。

事实上,这种"我/他"的区分是我们与生俱来的一种能力。著名社会心理学家埃利奥特·阿伦森(Elliot Aronson)称之为"内群体—外群体效应"。即"人们加以分类的最常见的方式是,将他们分为两个部分:属于'我的'群体的人,以及不属于'我的'群体的人。……将世界分为这样两类事实时,研究者发现了至少存在两种,它们可以被称为同质性效应(所有那些人看上去都与我相似)和内群体偏爱。"③即便"所有没有文字记载的人类群体,也包括现代的人类社会,都有一个'敌人'的概念,一个'他们'和'我们'这样的区分。"④"二战结束之后俄国人和美国人彼此还将对方看成敌人和对手,从逻辑上来说这并不是不可避免的事情,但从人性上来说这却是不可避免的。"

"有人的地方就有江湖",就有恩怨情仇,就有拉帮结派钩心斗角——本文审稿专家所在的哲学系将是唯一例外的地方;金庸借"任我行"之口描述了"我/他"区分的普遍性,而"敌人的敌人就是朋友"这句话则展示了合作、

---

① 丹·艾瑞里:《怪诞行为学2:非理性的积极力量》,赵德亮译,北京:中信出版社,2010年,第86页。

② 丹·艾瑞里:《怪诞行为学2:非理性的积极力量》,赵德亮译,北京:中信出版社,2010年,第89页。

③ (美)埃利奥特·阿伦森:《社会性动物(第9版)》,郑日昌等译.上海:华东师范大学出版社,2007.12

④ [英]马特·里德利著:《美德的起源:人类本能与协作的进化》,吴礼敬译,北京:机械工业出版社,2015年,第142页。

结盟的可能和"我/他"体系的复杂性;因为一个较大的社群里的众多"我/他"完全可以像常见的聚乙烯(—[—CH$_2$—CH$_2$—]n—)一样形成聚合物,从而带来复杂的空间结构变化(～我～他～我'～他'～我"～他"～);这个高分子聚合物体系中,任意相的两个"我/他"都有成为朋友的可能性。毛泽东认为区分敌我是革命的重要问题,"谁是我们的敌人,谁是我们的朋友,这个问题是革命的首要问题"[①],这更是生活的首要问题——区分"我/他","我们"和"他们"。

不难发现这里的层级结构:"我们/他们"之间当然有显著的差异,所以可以说"liquid biopsy 是我们(实验室做得最)好";然而即使在同一类"我们"之间,也还是可以再进行"我/他"的划分,所以你不能说跟你的同性别的师兄分享"孩子是我们的好"——历史一再表明的是,跟师妹还有那么点可能。换言之,"我们"之中还可以而且应该有"我/他"之分,我们对此区分简直可以进入自动驾驶模式——直到最后进入不可再分的个体的"我/他"之分。"人类之间这种区分你我的习惯极为盛行","很多人类社会,包括我所居住的最壮观的西方社会在内,都有一个重要特征,就是它们都被层层分割。我们住在小家族里,这些家族联合起来形成了部落,部落又联合起来形成了部落联盟,以此类推。"[②]甚至在理查德·亚历山大(Richard Alexander)看来,道德和法律也主要是为了"他们"而设置的:"道德法则和法律一样,当初创设它们的目的好像并非明显为了让人们在集体内和谐相处,而是让集体能足够团结以威慑他们的敌人。"[③]

简言之,"我们都是不可救药的部落动物"[④]。《狱中书简》的作者迪特里希·朋霍费尔(Dietrich Bonhoeffer)也曾指出:"'不敌挡我们的,就是帮

---

① 《毛泽东选集(第一卷)》,北京:人民出版社,1991 年版,第 1 页。
② [英]马特·里德利著:《美德的起源:人类本能与协作的进化》,吴礼敬译,北京:机械工业出版社,2015 年版,第 142-144 页。动物中也已经被观察到出现了同样的现象,弗朗斯·德瓦尔(Frans de Waal)在《黑猩猩的政治:猿类社会中的权力与性》中详细描述了大妈妈、耶罗恩、鲁伊特和尼基之间的恩怨情仇,也宣告了"政治的根比人类更古老"。黑猩猩中"首领"强大的重要原因就是善于与雌性黑猩猩和年轻的其他猩猩进行联盟合作。
③ 转引自:[英]马特·里德利著:《美德的起源:人类本能与协作的进化》,吴礼敬译,北京:机械工业出版社,2015 年版,第 166 页。
④ [英]马特·里德利著:《美德的起源:人类本能与协作的进化》,吴礼敬译,北京:机械工业出版社,2015 年版,第 142 页。

助我们的。'基督对其教会成员所划定的界限宽于他的门徒所愿和所划定的。"①他在描述"基督的整体性和排他性诉求"中明示："孤立的排他性要求会导致狂热和奴役，孤立的整体性要求则导致教会的世俗化和自我放弃。"②这是一种宗教的"我们/他们"之分及其意义。我们将这种以自我为中心、惠及"我们"并首先区分"我/他"的这一认知特点和归因模式称之为"我效应"（I-ness effect），这将会对道德判断和责任归因产生影响。

我们是"自我中心"（Egocentric）的物种。

这是一种"普遍人性"。例如，我们对亲属的称谓就是以自我为中心的，"在所有的社会中，所有的亲属关系都是根据某个中心个体来进行分类的。我的父母不是你的父母，我的兄弟也不是你的兄弟。"③"反认他乡是故乡"、"误把他爹当己爹"这种错误，有时会让人付出巨大的代价。1620年，乘坐五月花号的那103名美洲开拓者中，一半以上的人由于严寒、食物短缺和疾病而相继死去——"最先死去的人所拥有的亲属最少，而那些拥有父母以及其他亲属的人，则最有可能存活下来"。在那些生死攸关的时刻，"一个人能否存活下来，很大程度上取决于他（她）当时拥有的亲属数量"④。这是对"我效应"的合理性与有效性的确证。

"我"效应在归因方式上表现明显："自我责任归因的方式具有明显的自我取向——人们在面对不利情境时，普遍注重从自身角度寻找原因，而较少怨天尤人、推卸责任。"与"他人责任归因"不同，自我责任归因有一些有趣的特点：自我责任归因"是一个由（自我）责任推断、（自我）责任情感、（自我）责任行为三者构成的一种一元单向决定模式，即'责任推断→责任情感→责任行为'。"他人责任归因却是一个二元结构模型，与自我责任归因的不同，典型差异体现在对"可控性"的相关判断上。主要差异在两方面：归因部位与

---

① ［德］朋霍费尔著：《伦理学》，胡其鼎译，上海：世纪出版集团上海人民出版社，2007年版，第67页。另一方面，朋霍费尔又指出："'不与我相合的，就是敌我的。'（太12:30）"并认为"耶稣的这两句话必然是相辅相成的。"（《伦理学》第68页）

② ［德］朋霍费尔著：《伦理学》，胡其鼎译，上海：世纪出版集团上海人民出版社，2007年版，第68页。

③ ［美］D. M. 巴斯著：《进化心理学》，熊哲宏、张勇、晏倩译，上海：华东师范大学出版社，2007年版，第251页。具体观点为Daly，Salmon和Wilson于1997年提出。

④ ［美］D. M. 巴斯著：《进化心理学》，熊哲宏、张勇、晏倩译，上海：华东师范大学出版社，2007年版，第259-260页。

免责条件。

归因部位上,自我归因实验中的被试倾向于归于"外部的"(根据况志华实验,该点在 0.01 的水平上显著)、"可变的(即'不稳定的')"原因:"在那些由个人自身原因导致的挫折或失败中,被试一般不将之归咎于不了解事实真相、能力水平低下或细心程度不够,而是归因于努力程度不够、重视程度不足、缺乏经验、对困难估计不足或知识缺乏。"①

免责条件上,有趣的是,在"控制性"维度上,尽管理论已经表明,在对他人的归因中,"不可控性"显著有助于降低响应的"责任"分配,被试还是在对自己的归因中更倾向于认为失败是"可控的";人们对自己反而更苛刻!对自身不可控因素导致的失败,会认为"应承担部分责任"而非像他人责任归因那样"免责"。("对于那些由于自身不可控起因导致的挫折或失败,并非如他人责任归因那样,被判定为无责任,而是倾向于认定本人应承担部分责任。"②)我们猜测这可能与自尊(self-esteem)有关,不可控的原因导致了自我的失败可能导致自我评价降低,有损自尊;在自尊与需要承担更多责任之间,人们做出了必要的权衡——也许压根都没有理性的"权衡",只是交给了心智——很可能是直觉——高度自动化的进程。

人们对自我挫折或失败原因通常归因于"最可被社会接受"的那种——"个体在对可控起因导致的挫折或失败进行责任推断时,对由于个人粗心大意和缺乏努力所招致的挫折或失败被评估为最应为之承担责任,其次是重视程度不够,最后是对困难的估计不足";另一方面,个体(至少是在实验中)也会积极承担责任。不过我们有点怀疑这受到了"实验者偏性"(experimenter bias)的影响:理性的他们完全清楚验者在期待些什么,潜意识中他们也会助实验者一臂之力;由于社会声誉的原因,"我们中的大多数人或许都高估了自己的利他倾向"③,我们都会尽力扮演一个亲社会的角色——而"勇于承担责任"无疑是一种值得赞赏的品质。约翰·A.利斯特

---

① 况志华,叶浩生:《自我责任归因与推断的心理结构与特征》,《应用心理学》,2009 年第 4 期,第 347-348 页。

② 况志华,叶浩生:《自我责任归因与推断的心理结构与特征》,《应用心理学》,2009 年第 4 期,第 352 页。

③ [美]保罗 C.科兹比,斯科特 C.贝茨:《心理与行为科学研究方法》,张彤译,北京:机械工业出版社,2014 年版,第 34 页。

指出,"实验室中的亲社会行为比现实生活当中的更为显著,而且其水平也往往高于现实生活。"——我们应当意识到,实验室中的被试很多时候某种程度上是在"表演"——当涉及个人社会声誉时尤其如此。

换言之,个人自我责任归因中,适用于他人责任归因的特点和"免责条件"失效了。这种差异与"基本归因错误"(Fundamental Attribution Error, FAE)有一定关系。可控性对"自我责任归因"而言,仅仅影响"程度"而不决定"是否","被试似乎并不认为自己对于那些内在不可控起因招致的挫折或失败不承担任何责任,只是责任程度稍轻而已"[①],这与他人责任归因的模式大异其趣——这是一种"必须要有人负责"的责任归因模型。这引起两方面的问题:一方面是,自我/他人责任归因的机制差异原因在哪里,另一方面的问题是,"可选择性"原则失效了吗? 即,"别无选择"的情况下自己也要承担责任吗? 此外,责任情感方面,由于"是否可控"都负有责任,因此负性结果情境中被试的情感体验以"自我生气或自我责备"为主。这种"生气"或者"责备"的由来可能是"虚拟对标"的存在,即那些"本来可以做得更好"的想象。"本来可以做得更好"属于反事实条件句或"反事实思维"(conterfactual thinking),哲学上由莱布尼茨提出、刘易斯和克里普克各自建构的"可能世界"(Possible World)理论、模态逻辑对此都有所贡献;张家龙指出,"给定了一个可能世界语义的框架(W,R)就可决定一个模态代数,由(W,R)决定的模态代数和(W,R)是等价的,即一个命题在(W,R)上有效当且仅当它在(W,R)所决定的模态代数上有效。"[②]这种"可能世界"在我们头脑中是真实存在的。我们并不关心"本来可以做得更好"的反事实语义问题,这种"生气"或者"责备"强调的是情绪的价效,这两种情感都是"反社会情感"(姑且称之为"Antisocial emotions")——较之他人责任归因中人们更容易产生的"同情"(怜悯)或"帮助"而言,这种"我/他"之间的区分是值得注意的。我们认为,这种情感的区分是"我效应"的一种体现,与"期望"有关。"期望"非常重要。例如在心理博弈(Psychological Games)之中,"博弈方是通过自己的实际收益与他期望中的公平收益的比较来判断对方是否对他善

---

① 况志华,叶浩生:《自我责任归因与推断的心理结构与特征》,《应用心理学》,2009 年第 4 期,第 354 页。

② 张家龙:《可能世界是什么?》,《哲学动态》,2002 年第 8 期,第 17 页。

意的,进而决定自己的策略"①。人们对自己往往有着高于"他人平均"表现或者绩效的期待——通常这种期待不是"高于平均"而是"远高于平均",这种"生气"或者"责备"的情感恰恰是高期待与现实落差冲突的体现。

5.1.7 "幸灾乐祸"与责任归因

"共情"是我们人类的一种基本能力,这种能力可能与被过度重视的"镜像神经元"(mirror neuron)有关。然而,面对他人的不幸只有"同情"情感未免单调,作为人类,我们有时候还会有另一种微妙的感受:幸灾乐祸。时间上,"幸灾乐祸"有着悠久的历史,地理上,"幸灾乐祸"有着广泛的分布,它与"责任归因"密切相关。

"幸灾乐祸"一词中国最早见于北齐颜之推(529—595 年)《颜氏家训·诫兵篇》:"然而每见文士颇读兵书,微有经略,若居承平之世,睥睨宫闱,幸灾乐祸,首为逆乱,诖误善良。如在兵革之时,构扇反复,纵横说诱,不识存亡,强相扶戴,此皆陷身灭族之本也。"②不过,这种感情事实上还有着更为悠久的历史——虽然是以"幸灾"与"乐祸"分离的方式出现的。《左传·僖公十四年》载:"冬,秦饥,使乞籴于晋,晋人弗与。庆郑曰:'背施无亲,幸灾不仁,贪爱不祥,怒邻不义,四德皆失,何以守国?'"③《左传·庄公二十年》:"今王子颓歌舞不倦,乐祸也。夫司寇行戮,君为之不举,而况敢乐祸乎!"④这都是春秋时期的历史了,至少说明这种感情是多么的"基本";"幸灾"、"乐祸"合用是后来的事。

当然虚构作品的小说中也都有体现:《醒世恒言》("为此两下面和意不和,巴不能刘家有些事故,幸灾乐祸。")、《警世通言》("每见吴下风俗恶薄,见朋友患难,虚言抚慰,曾无一毫实惠之加;甚则面是背非,幸灾乐祸,此吾平时所深恨者。")、《醒世姻缘传》("恨不得晁夫人家生出什么事来,幸灾乐祸,冷眼溜冰。")中都有所载。

看来,我们体验这种情感的时间之久远、机会之频密可能都是领先的,不过"幸灾乐祸"并非我们中国人所独有;德语中也有"Schadenfreude"这个

---

① 转引自叶航、陈叶烽、贾拥民等:《超越经济人》,北京:高等教育出版社,2013 年版,第 63 页。
② [北齐]颜之推撰:《颜氏家训》卷下,四部丛刊景明本,第 28 页。
③ [春秋]左丘明撰:《左传》僖公十四年,
④ [春秋]左丘明撰:《左传》庄公二十年,

著名的词,英语由于没有合适的词就将其借用了过来(英语中,to gloat 缺乏与之词义对等的名词形式,epichairekakia 则太过少用且是从希腊语借来的)。多种文化都有其踪影,可见"幸灾乐祸"是人类一种多么"基本"的感情! 休谟也指出:"他的痛苦,就其本身而论是令人痛苦的;但是却增加我们自己幸福的观念,而给我们以快乐。"他在随后的脚注中引用卢克莱修的诗歌表明其原因:"当大海中狂风掀起巨浪时,/遥望他人身罹大难实为快事;/这并非因为他人的苦难可以赏心悦目,/乃是因为自己一感觉到自己未曾遭难,/便觉得私心窃慰。"①

"幸灾乐祸"指从他人的不幸中获得愉悦,尽管"现代心理学研究表明,他人的不幸常会引起旁观者的同情和帮助"②。这种情感与"责任归因"关系密切。张爱卿等考察了责任归因与幸灾乐祸、帮助意愿之间的关系。他们利用 likert7 点量表,测定被试先前对"不幸的人"的消极情感(包括"憎恨""厌恶"和"生气"三类)以及对行为者幸灾乐祸的情感反应(包括"喜欢""愉悦"和"幸福"三类)。与我们的直觉一致的是,"消极情感"对幸灾乐祸和同情有显著的预测作用,二者都在 0.01 的显著性水平上负相关:"消极情感"与"同情"的相关系数是 -0.319,与"帮助"的相关系数是 -0.285。意料之外而又在"情理之中"的一个结果是,"责任推断"与"幸灾乐祸"的相关性也高达 0.223(在 0.01 的水平上显著),并且在结构方程中贡献了 0.20 的解释(在 0.05 的水平上显著)。③

有趣的是,与责任归因相关的"幸灾乐祸"有这样几个特点:(1)人们更倾向于对自己的同性"幸灾乐祸":在张爱卿、周方莲等的一项研究中,93.10%的男性幸灾乐祸的对象是男性,而 71.28%的女性幸灾乐祸的对象是女性。④ 巴德对此有所解释,"同性成员的相互竞争常常是为了获取相同的资源:异性以及吸引异性所需要的资源。""男性不可能和其他男性结成联

---

① [英]休谟著:《人性论·下》,关文运译,郑之骧校,北京:商务印书馆,2010 年版,第 637 页。

② 张爱卿,周方莲,刘华山:《责任归因、幸灾乐祸与帮助意愿的关系》,《心理科学》,2004 年第 1 期,第 220 页。

③ 张爱卿,周方莲,刘华山:《责任归因、幸灾乐祸与帮助意愿的关系》,《心理科学》,2004 年第 1 期,第 220-221 页。

④ 张爱卿,周方莲,刘华山:《责任归因、幸灾乐祸与帮助意愿的关系》,《心理科学》,2004 年第 1 期,第 220 页。

盟的一个最基本的原因是,男性主要和同性成员竞争。女性亦是如此。"[①]我们认为,"幸灾乐祸"的对象主要是同性就是"每种性别都主要与同性竞争"所引起的;这种"幸灾乐祸"或许可以视为一种烈度很低的"种内竞争"——尽管该种"攻击"通常都只有攻击者一个人知道(但也有高达 54.32％的人"愿意与一到两个人分享自己对那个不幸的人的幸灾乐祸的情感"[②])研究已经证明,"女性攻击行为的主要功能在于让同性竞争者付出代价"[③]。哎,女人何苦为难女人![④] 这样的随处可见的叹息看来是有着生物学基础的。

这暗示着,在所有"有责任"的地方,几乎都有"幸灾乐祸"相随！——这实在是一种被我们过度忽视的感受,然而它却构成了我们责任归因与情感体验不可分割的重要部分。我们推测,可能是"幸灾乐祸"本身的情感价效(valence)的负面倾向——这是一种"消极"的情绪——导致了"责任推断"时,在祛语境的一般道德情境中易于被划归为"不道德"而遭到忽视。伦理学研究中这样一种过度"道德化"的倾向实在是不合适的,需要掰正过来。

5.2 责任归因与道德事实

"事实与规则"、"沉思与实践"二者之间存在内在矛盾——我们并不是指在具体的道德实践中对一般的道德规则的违反(——这几乎是必然的,规则就是用来违反的,规则通常只有在其被违反时才展现其存在性),我们是想说,二者之间没什么特别的相关性;道德实践虽然局部地受到道德规则的

---

① 巴斯著:《进化心理学》,上海:华东师范大学出版社,2007 年版,第 355-356 页。

② 张爱卿,周方莲,刘华山:《责任归因、幸灾乐祸与帮助意愿的关系》,《心理科学》,2004 年第 1 期,第 221 页。

③ D. M. 巴斯:《进化心理学》,熊宏哲,张勇,晏倩译,上海:华东师范大学出版社,2007 年版,第 336 页。

④ 在中国知网(cnki)的最近一次检索(2017-1-5)显示,直接以"女人何苦为难女人"为题的文献多达 12 篇,而题名中包含"女人何苦为难女人"的文献则有"张柏芝 VS 章子怡:女人何苦为难女人"在内的 17 篇之多。而"男人何苦为难男人"即使在全文检索中出现的频率也依然为 0。这表明可能:(1)男人很少为难男人;(2)男人为难男人也不少,但是没有引起重视;(3)男人为难男人被社会视为可接受的正常现象。在"X 人何苦为难 X 人"问题上,存在明显(是否"显著",有待实证)的性别差异。

指引，然而道德规则很少能够用于解释道德实践，该种"解释"也往往只是一种事后的建构而已；行动后的"合'理性'"与行动时的"'合理'性"是不同的——或者说，就是两码事。认知科学的证据也进一步表明，二者事实上被两个不同的系统所驱动：系统1（System 1）和系统2（System 2）。因此：

"'合理'性"＝行为时（真实）的"原因"

"合'理性'"＝行为后（反思）的"理由"

当我们以心理学中的"场景模拟"（哲学中的"思想实验"）方式来寻求道德行为的解释时，事实上是拿行为后的"理由"来替代行为时的"原因"，这显然是"驴唇不对马嘴"的，存在根本性的、双重的偏差。这种偏差的双重性在于：a."原因"与"理由"的不同；b.具体行动与抽象规则之间的冲突。[①]　很多时候，人们都在忙于制作理论的木乃伊：例如启蒙主义者迷恋于制作"伦理"的木乃伊，科学哲学家热衷于制造科学的木乃伊，而道德哲学家则沉溺于制作道德规则的木乃伊——并且居然以为这些不能行动的僵尸就代表了活生生的人！"我把这种回答一个问题而绕开另一个问题的做法叫做'替代'"[②]——在哲学家的"问题解决"模式中，这是最常见的一种，我们经常进行这种替代工作。"遇到很难的'目标问题'时，如果脑海中马上出现了一些与之相关联且容易回答的'启发性问题'的答案"，我们（具体而言是"系统1"）"通常便会采取这种'替代'的做法，采取替代问题的答案。"事实上"用一个问题替代原来的问题是一个解决难题的好策略"[③]——如果你意识到了这种替代的话；糟糕的是问题替代者——如思辨的道德哲学家们经常缺乏

---

① ［德］迪特里希·朋霍费尔（Dietrich Bonhoeffer）就曾在其《伦理学》一书中深刻指出，"启蒙运动完全正确地指出，'伦理的'所涉及的，不是一种抽象的社会秩序，不是特定社会阶层的代表，不是'上层'和'下层'本身，而是人。由此出发，启蒙运动怀着激情主张在'伦理的'面前人的同等尊严，这也是有理的。其错误就在于，启蒙运动越出这些论战，又把人本身变成一种抽象概念，并且——以人和人的尊严平等的名义——用这个抽象概念去反对任何一种人的秩序。其错误就在于，当启蒙运动把人的理性——其本质在于自由感知并接受实在，在这里即指具体的伦理命题——变成一项形式抽象原则时，所有的内容被它解体了。"换言之，启蒙运动者也在忙于制作伦理的木乃伊——人们实在是太迷恋从具体中提炼出一般原则这一"归纳"过程了。有必要指出，抽象的原则与具体的内容之间往往有着严厉的冲突。

② ［美］丹尼尔·卡尼曼著：《思考，快与慢》，胡晓姣、李爱民、何梦莹译，北京：中信出版社，2012年版，第81页。

③ ［美］丹尼尔·卡尼曼著：《思考，快与慢》，胡晓姣、李爱民、何梦莹译，北京：中信出版社，2012年版，第82页。

这样一种觉知。对"合'理性'"与"'合理'性"的具体讨论参见第五章。

哲学家——无论是科学哲学家还是道德哲学家们的这种"认知偏差"是有其合理性的,这一偏差的重要原因在于哲学家们的工具——直觉;哲学家高度依赖于以"直觉"为中心的"哲学工具三件套",而直觉工具既具有高度的直接性等多种优点,也带有自身的一些顽固缺点。这些缺点许多时候是微不足道的,但在有的时候、有的方面——例如责任归因问题上,却存在着致命的缺陷。

5.3 "归因"与"归责"

5.3.1 归因与归责的顺序

一般认为,"责任归因"同时包含了两个相关的过程:"归因"与"归责"。一般认为二者间是先"归因"后"归责"。"归因"有时又被称为"因果归因"——内在包含了"因→果"这一过程,而"归责"通常指"道德责任确定"。一般而言,为了确定包含道德责任在内的责任的归属,确定物理性因果似乎是一个必要的前提。换言之,就时间序列而言,这似乎是没什么疑问的。

(H1)"归因"先于"归责"

然而,是不是所有的责任归因过程都遵循这样的逻辑呢? 我们可以大胆猜测:既然"归因"的最终是为了"归责",那有没有可能偷懒省略"归因"的步骤,直接跳到"归责"程序? 即,是否存在:

(H2)"归责"先于"归因"?

甚至

(H3)"归责"无关"归因"?

这是"反直觉"的猜想。然而,糟糕的是现实中我们有很多时候就是这么干的。有一个专门的术语"糟糕指责"(blaming badly)所说的就是在负性后果的情境中,我们倾向于"有罪推定":

一个糟糕的后果(→这个后果不是凭空产生的→这个后果必须要有人负责)

→就是他导致的(这个"他"通常是离该后果最近的"能动者")

有时,在现实中我们甚至会将括号中的内容省略,进行一种"更加迅速"

的推理：

一个糟糕的后果→必然是有人导致的/就是他导致的

先迅速确定责任归属后，我们再慢悠悠地开启我们的"解释逻辑"，对倒霉的"负责人"寻找各种"证据"，进行"归因"，以建构一个自洽的、足以说服他人的解释。这种现象并非心理学上的特例。认知心理学家杰里·艾伦·福多（Jerry Alan Fodor）指出："在计算一个对于结构的描述时，在相对较高水平上进行描述的表征信息，完全有可能会'反馈'回来以决定相对较低水平的分析。"①在"结果"水平（"结果"已经定性，"归责"完成）的表征完全可以反馈回来并决定"原因"水平（如何"归因"）的表征。人们在"责任归因"这么严肃的事情上居然如此率性和随意，这可能会令传统的道德哲学家吃惊；好在我们对此并没有太多惊奇：毕竟，我们从没预设一个理性至死的"哲学标准人"。有过极度愤怒体验的哲学家可能就容易理解普通公众的情感、生活和反应了——丹·艾瑞里指出，在确定了"责任归属"是"对方"后，我们并不在意需要负责的人是"代理"还是"主体"，我们只关心我们的想法——报复。"在觉得需要报复的那一刻里，我们似乎并不在意要惩罚的是谁——我们只是想让某人付出代价，而不管他是代理还是主体。"②我们将这样一种模式概括为"能动者负责"模式，即离事件责任最近的"能动者"需要对此负责。在愤怒、委屈等情感介入程度较高的情况下，"糟糕指责"时常发生，而"糟糕"指责最常见的后果就是"能动者负责"。因此，（H2）"归责"先于"归因"是存在的，甚至还很普遍。

这似乎与我们的"直觉"相冲突——真相往往都是反直觉的。在责任归因——例如典型地，道德责任归因问题上，"理性主义"主张的是一种"因—果关系"，"因"先于"果"，这也是因果关系判断的基本要求。具体而言，就是要求"归因"先于"归责"，因为连原因都不明确的情况下就进行责任判断实在是太不负责任了。然而，在某一个灵光一闪的科勒瞬间，我们隐约觉察出那么一点点不对劲。糟糕的是，我们有时候真就是有"小脾气"的；我们有时喜欢用"必须要有人负责"的模式。

---

① ［美］J. A. 福多：《心理模块性》，李丽译，上海：华东师范大学出版社，2002 年版，第 62 页。

② ［美］丹·艾瑞里著：《怪诞行为学 2：非理性的积极力量》，赵德亮译，北京：中信出版社，2010 年版，第 115 页。

5.3.2 实证研究

对此我们进行了实证研究,考察在高情感介入条件下人们的归因特征。我们设置了"子轩和雨涵的故事"的两个版本,即版本 A("亲兄妹版")和版本 B("表兄妹版"),用以考察、比较或者确认人们的道德判断特征。这两个版本都是根据乔纳森·戴维·海特的"Julie 和 Mark 是兄妹"版本改编的,并且进行了"汉化"以使得相关情境更为被试熟悉。

版本 A("亲兄妹版")

子轩和雨涵是亲兄妹。

有一年大学放暑假,他们一起从去鼓浪屿旅行。

一天晚上,他们单独待在海滩附近的小屋中,他们觉得如果他俩做爱的话将会非常有趣,至少对每人而言都将是一种新体验。妹妹雨涵此前已经在服用避孕药了,但为了安全起见,哥哥子轩还是使用了避孕套。

他们都喜欢做爱,但还是决定下不为例。他们将那晚上的事作为特别的秘密对待,这使他们感到之间的关系更加亲密了。

版本 B("表兄妹版")

子轩和雨涵是表兄妹。

有一年大学放暑假,他们一起从去鼓浪屿旅行。

一天晚上,他们单独待在海滩附近的小屋中,他们觉得如果他俩做爱的话将会非常有趣,至少对每人而言都将是一种新体验。表妹雨涵此前已经在服用避孕药了,但为了安全起见,表哥子轩还是使用了避孕套。

他们都喜欢做爱,但还是决定下不为例。他们将那晚上的事作为特别的秘密对待,这使他们感到之间的关系更加亲密了。

两个版本的差异主要在于"乱伦者"之间的关系,一个是更为亲近的"亲兄妹",一个是相对疏远的"表兄妹"。我们预测,由于两个版本都涉及的是在东方道德传统中被严厉谴责的"乱伦"行为,因此整体的接受度都会很低。由于考虑到中国几千年来具有的"表亲姻亲"的传统,我们预测公众对于版本 B 行为者的接受度更高。

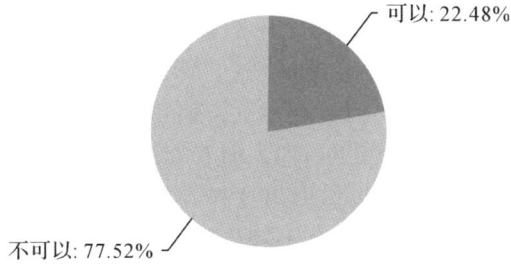

可以: 22.48%

不可以: 77.52%

公众对版本A的态度

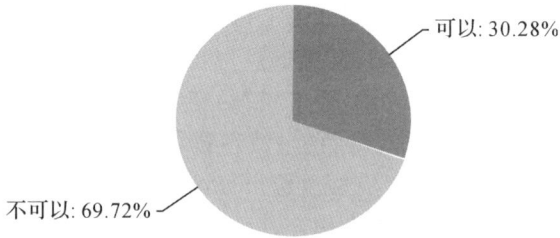

可以: 30.28%

不可以: 69.72%

公众对版本B的态度

然而,结果表明,(1)人们——至少是被试所能代表的青年人,在涉及"他人乱伦"时"宽容度"似乎很高。在面对"你对此怎么看? 他们可以这样做吗?"的问题时,22.48%的公众接受版本 A 亲兄妹情境下的行为,30.28%的人接受版本 B 表兄妹情境下的行为,分别为超过 1/4 和接近 1/3 的人;对"表兄妹乱伦"行为的接受度有了明显提升,这与我们的预设相一致;(2)亲属关系越远,对"乱伦"的容忍度也就越高,该结论为边缘显著(F(1,214)=3.234,p=0.074),值得进一步检验。

主体内对比的检验

度量:MEASURE_1

源	兄妹表兄妹	Ⅲ型平方和	df	均方	F	Sig.
兄妹表兄妹	线性	0.253	1	0.253	3.234	0.074
兄妹表兄妹 * Q1	线性	0.037	1	0.037	0.475	0.492
兄妹表兄妹 * Q7	线性	0.002	1	0.002	0.025	0.874
兄妹表兄妹 * Q1 * Q7	线性	0.071	1	0.071	0.904	0.343
误差(兄妹表兄妹)	线性	16.734	214	0.078		

我们还试图考察性别、年龄、知识结构背景（高中文/理科）、月收入等因素对"伦伦"情境的影响，分析结果发现：（3）人们对"乱伦"的道德评判高度一致，性别、年龄、知识结构背景（高中文/理科）、月收入等因素不对公众对"伦伦"情境的判断产生显著影响，即人们有着稳定的"反感乱伦"的道德感。

较之判断本身，我们对人们做出这样判断的理由更感兴趣，于是对人们这样判断的理由进行了追问：你的理由是：_____。被试给出了他们自己的理由，绝大多数反对的理由都是"不合道德伦理""违背伦理道德""亲兄妹之间不能乱伦"等；即以现有的规则来批评；少数的理由是诉诸情感特别是"恶心感"（disgusted）的："这是很恶心的乱伦""恶心的"。其中，以版本 A 为例，反对意见中"违反伦理道德"类的反对理由有 54 条，直指其"乱伦"不对的反对理由有 45 条，"没理由/不知道"的有 15 条。此点上与乔纳森·戴维·海特（Jonathan David Haidt）的预测一致，即人们如此判断是"道德感"在发挥作用。事实上，几乎没有被试给出真正"具有说服力的理由"，但是他们却普遍认定在此问题上子轩和雨涵都做错了，应当受到谴责。

测试中我们通过题干为二者的行为进一步"辩护"（"如果他们坚持认为：生理上他们采取了双重避孕措施、心理上两人之间反而更加亲密了，而且没有伤害到任何人，因此没有错。"）并对反对者追问"你还坚持你的观点吗？"，多数（版本 A 为 88.83%，版本 B 为 91.45%）被试还是坚持自己的之前的批评观点。

这表明，尽管被试担忧的理由并不成立，但是他们依然"觉得"这是错的——实际上，是"我们"依然觉得这是错的：本例中我们并不是先想好了理由再做出判断，而是：

"什么，乱伦？"→"啊，好恶心！"→"这是错的，不可接受！"

这更像是我们的真实反应。

在此问题上，我们"先归责"再"归因"，先进行了责任的认定，然后再"编织"理由来"合理化"我们的判断。我们推测，这种归因逻辑在责任归因中可能很寻常；当然，这需要进一步的证据。

5.3.3　对糟糕后果的"因果封装"

对"归责"先于"归因"，一个可能的解释是"因果的封装"——请注意，这有别于"因果的封闭性"；"因果封装"是一种事实状态。"因果封装"定义为：

在通常或较大概率状态下一旦出现某种结果"必然"是由某种原因导致的；"封装"的好处在于便捷性，同时满足了我们对逻辑一致和连贯的要求。例如，"一个糟糕的后果→必然是有人导致的/就是他导致的"这样的推理既简洁又"有效"；换言之，并不是没有进行"因果推理"，只是由于"果—因"二者的捆绑密切如哼哈二将，似乎没有必要进行区分。因果的封装并非凭空想象，比利时心理学家阿尔伯特·米乔特（Albert Michotte，即 Baron Albert Edouard Michotte van den Berck）的实证研究支持了这一观点。他指出，我们能像看见颜色那样直接"看到"因果现象——这是我们"因果性直觉"的一个特点。不过这一假设并不充分：即便"因果捆绑"作为整体，我们也还是没有解决为什么"归责"先于"归因"的问题，因为"捆绑"本身也可以是"归因先于归责"样式。然而，好在通过实证，我们可以发现"归责"先于"归因"的一些理由。

"归责"先于"归因"能带来什么好处？一个重要的益处是便捷和经济性。"如果结论可能是正确的，偶尔的错误所付出的代价也在可接受的范围内，而且这种仓促的做法可以节省很多时间和精力，那么这种仓促的结论就是高效的。"[1]我们总是在"正确"与"效率"之间求取平衡。

这再一次提醒我们，明确哲学真正的研究对象到底有多么重要。我们不该总以想象中的"哲学标准人"来替代生活世界里具体的、感性的、活生生的人，否则就会继续得出既无法描述事实、也无法解释人类生活而只适用于"标准哲学人"的"哲学理论"——虽然他们宣称这些理论具有全人类的普适性——他们总是热爱全称命题而憎恶特称命题。让我们原谅他们的"狂妄"和天真吧，毕竟他们是怀着最纯净的愿望来考察这个世界上一些最重要问题的。

5.4　情感、认知与责任

如前所述，认知与情感都介入了责任归因过程。认知提供了责任归因

---

① ［美］丹尼尔·卡尼曼著：《思考，快与慢》，胡晓姣、李爱民、何梦莹译，北京：中信出版社，2012 年版，第 63 页。

的基本构件(信息和框架),情感体验也与责任密不可分。张慧君等以"后悔"情感为例指出:"责任大小对于后悔的情绪强度、责任感和反事实思维都有影响:责任越大,相关的情绪体验越强,从而证明了责任对于后悔体验以及相关认知加工的影响。"[①]

维纳(Weiner)认为"责任推断的不同结果会引发个体不同情感体验并诱发不同的行为反应"。然而,在责任归因的过程中,认知优先还是情感优先? 在这里有一个小小疑惑:到底是(H1)责任推断引发情感反应(责任推断→情感反应)还是(H2)情感反应导致责任推断(情感反应→责任推断)? 换言之,情感反应与责任推断之间的先后顺序如何? ——这可能只是一个心理学中的小问题,却是哲学里的一个大问题。

尽管"Weiner曾假定动机归因理论中认知和情感是双向关系,但这个假设一直没有得到验证"[②]张爱卿认为,无论是个人责任归因还是人际责任归因,其归因序列都是"思想—情感—行动":"像个人自我动机归因理论一样,这里(人际责任归因——笔者注)有一个'思想—情感—行动'序列,并且责任推断在此起着很重要的作用。"[③]

张爱卿等提出,归因之中的认知与情感可能存在这样两种序列——可以称之为认知和情感的"双通道"模型:

(1)归因→责任→情感反应→期望改变→行动

或者为:

(2)归因→情感、期望改变→责任推断→行动

后一种即"责任推断和情感反应、期望改变之间具有双向关系"[④]。

张爱卿、刘华山(2003)、况志华、叶浩生(2009)等分别利用各自实验的数据集,都建立了两个SEM;张爱卿指出"数据与两个模型均十分吻合。可见责任推断、期望改变与情感反应都属于归因与后继行为之间的中介变量,

---

① 张慧君,周立明,罗跃嘉:《责任对后悔强度的影响:来自ERP的证据》,《心理学报》,2009年第5期,第460页。

② 张爱卿,刘华山:《责任、情感及帮助行为的归因结构模型》,《心理学报》,2003年第4期,第536页。

③ 张爱卿:《人际归因与行为责任推断研究综述》,《心理与行为研究》,2004年第2期,第447页。

④ 根据张爱卿,刘华山:《责任、情感及帮助行为的归因结构模型》,《心理学报》,2003年第4期,第536页整理。

它们之间是双向的关系,可以互为前提或结果";他们一致认为,"情感与责任推断是双向的关系",并认为这符合心理学中情感伴随着认知而出现的一般观点。①

关于人际责任归因与行为的关系序列,张爱卿等指出,还存在另一种序列:"情感反应以及期望改变也可以作为责任推断的前提,并进而对后继行为有预测作用:归因(包括三个维度:部位、控制性、稳定性)→情感反应(包括生气和同情)、期望改变→责任推断→帮助行为",他们认为"责任推断、期望改变与情感反应可以同时发生,具有双向关系,他们都是归因与后继帮助行为的中介变量"②。在一项有关报复行为的实证中,他还提出,在某些情况下,"责任推断也可能受到情感反应的影响",即存在另一个序列:

"归因(像有意性)→情感(像生气、同情)→责任推断→行动"③

他认为,"在责任归因与报复行为的结构方程模型中,责任推断与情感是双向关系,没有先后之分"④。我们认为这是很有意义的一个判断,创造性地指出了"情感"可能优于"认知"的事实;不过,是否真的"没有先后之分",这可能需要进一步的来自神经和认知科学经验证据。事实上,依据数据的结构方程解释了变量(如"有意性"与"责任")之间的相关性,却未能解释因果性;我们对因果性有着更多的期待:因为,到底是情感诱发了归因,还是归因引发了情感,这是完全不同的两种方式。

---

① 张爱卿,刘华山:《责任、情感及帮助行为的归因结构模型》,《心理学报》,2003 年第 4 期,第 538 页。

② 张爱卿,刘华山:《责任、情感及帮助行为的归因结构模型》,《心理学报》,2003 年第 4 期,第 539 页。

③ 张爱卿,周方莲:《责任归因与报复行为的结构方程模型研究》,《中国临床心理学杂志》,2003 年第 3 期,第 221 页。

④ 张爱卿,周方莲:《责任归因与报复行为的结构方程模型研究》,《中国临床心理学杂志》,2003 年第 3 期,第 222 页。

6　责任归因与道德判断

6.1　作为"表象"的道德现象和作为建构的归因过程

我们赖以进行责任归因的各类信息——例如"道德现象",通常是以"表象"形式呈现的,主要的信息传递途径则是"视觉"和"听觉"。弗兰西斯·哈奇森(Francis Hutcheson)指出,"通过视觉和听觉,对美与和谐的强烈快乐能够进入心灵,就像对大小、形状、位置和运动的念头一样。……这两种知觉能力,即感觉(sensation)和意识(consciousness),将它们了解到的全部内容引入心灵。"[①]这之中的每一个环节,都存在"人为建构"的空间。

首先,主体对于非直接"介入"型的道德判断,我们通常以"观察"的方式参与。我们对此类事件本身的认知,往往是"建构"出来的。美国认知科学家杰里·艾伦·福多(Jerry Alan Fodor)指出,语言和知觉系统"都将有关世界的信息以适当的形式提供给中枢系统"[②],供其进一步加工和判断。郁乐指出,"从道德相关事件的发生到制作成适宜传播与接受的信息,经过媒体的筛选与加工,传播到现场之外的公众,然后经过受众的筛选接受与解读,形成对相关事件的道德感知与判断,引发公众的道德焦虑情绪,形成道德滑坡论评价;在这一传播认知与解读过程中的筛选扭曲与失真的可能性

[①]　[英]弗兰西斯·哈奇森著,江畅、舒红跃、宋伟译:《道德哲学体系·上》,杭州:浙江大学出版社,2010年版,第6-7页。

[②]　[美]J. A.福多:《心理模块性》李丽译,上海:华东师范大学出版社,2002年版,第43页。

被严重忽略与低估。"①毕竟,"知觉并不是唯一可以将世界呈现给思维的心理机制"②,我们的思维还会对这些信息进行全面的加工——就像我们的消化道必须先将摄入体内的蛋白质分解为氨基酸然后才能重新合成我们所需的、形态和功能各异的蛋白质一样,我们的大脑也在进行着完全相似的活动,将"摄入脑内"的信息进行归类、整合与加工。也就是说,"道德现象"要成为可以被我们评估的信息,需要我们的"介入"和加工;因此,"道德事实"是一种社会建构(Social Construction)。

跟其他信息接收和处理方式并无二致——人脑中的这一过程存在着大量的截取、夸张、变形和失真。认知科学家福多(Jerry Alan Fodor)指出,"无论语言还是知觉,它们所提供的信息都不是准确无误的。世界常常不是看上去或人们所说的那样。……我们的信念依赖对事情看上去或听起来是怎样的所进行的评价,这种评价根据的是一些背景信息,而这些背景信息表明了(其他事物)画面是否清晰以及来源是否可靠。"③关于责任归因或者道德判断的信息并没有什么特殊的理由豁免于这种普遍的认知机制。正如任意(人名——笔者注)所指出,信息提取是责任推断的第一步,"信息提取是指搜集一切与原因理解及责任推断其他阶段有关的信息。"④不是"事实上是什么"而是"被认为是什么"起到了决定性作用。如实证表明,"被认为是有意使不公正事件发生的人(不管他/她/它是否真的有意),应该承担的责任越大。"⑤

再次,作为我们进行责任归因和道德判断的信息载体,语言样式也会显著地影响到责任归因。我们推测:(1)对归因者而言,更加熟悉的语言样式可能导致更多的"责任"赋予,比如同样信息呈现的事件,母语情境中的责任归因可能比习得语情境中的责任归因要重;原因在于面对相对陌生的语言情境,我们倾向于"减轻"行动者责任。这尚需实证证据。(2)信息呈现的虚

---

①　郁乐:《道德感知与评价中的信息嬗变和道德焦虑》,《华中科技大学学报(社会科学版)》,2014 年第 2 期,第 29-34 页。

②　[美]J. A. 福多:《心理模块性》李丽译,上海:华东师范大学出版社,2002 年版,第 37 页。

③　[美]J. A. 福多:《心理模块性》李丽译,上海:华东师范大学出版社,2002 年版,第 43 页。

④　任意:《青少年虚拟社区中的责任推断——以"大型多玩家网络游戏"(MMOG)为例》,《上海青年管理干部学院学报》,2009 年第 2 期,第 63 页。

⑤　方学梅,刘永芳:《从归因视角探讨组织公正感产生机制》,《心理科学》,2008 年第 1 期,第 203 页。

拟/真实性质会显著影响人们的责任归因问题,比如对虚拟的伤害和对真实的伤害反应应该不同,真实伤害的归因会赋更大的责任;这一点在我们的研究中得到了证实。(3)信息呈现方式与责任归因关系密切,如信息的简繁会影响责任归因,呈现的信息越具体,同等情况下可能的责任就越严重。

可见,就本质而言,"责任归因"是一个主体建构的过程。

6.2　普遍过度归因的倾向
——"必须要有人负责"模式

由于其"建构性",我们就易于理解这样一个有趣的现象:在实际责任判断过程中,人们倾向于认为——必须要有人负责!"由于人们具有从行为者自身寻求原因的倾向,所以,对他人行为责任的推断在现实生活中是十分普遍的。"[①]现实的后果是,行为者往往需要为此负担过度的责任——可以称之为"能动者责任最大化"。这里的"能动者"当然也可以是一辆车或者一只猴子,只要它"能动"就好。实证数据所表明,很多时候——特别是在情感强度很高,例如愤怒、委屈等情绪状态下,我们采取的其实是一种"必须要有人负责"的归因模式;更准确地说,是必须要有"人"——"能动者"负责的模式。

"必须负责"的重要影响因素是事情的严重程度。一般而言,事情越严重就越需要"有人负责"——这是无关原因的。李玉萍等指出,"心理学研究显示事件的严重性程度与旁观者对事件的责任归因之间有正向的关系"[②],Laufer 等也发现,在消费场景中,"随着危机严重性的增加,消费者把更多责任归因于公司"[③]。该场景中的"严重程度"可以用"被感知到的威胁"来界定。

这种归因特点几乎是人类的一种"标配",人类对于自然和社会对象中

---

①　张爱卿:《人际归因与行为责任推断研究综述》,《心理与行为研究》,2004 年第 2 期,第 448 页。

②　李玉萍,周庭锐:《产品伤害危机中消费者责任归因的影响研究》,《西安电子科技大学学报(社会科学版)》,2014 年第 3 期,第 17 页。

③　LAUFER D, GILLESPIE K, MCBRIDE B, et al. "The role of severity in consumer attributions of blame: defensive attributions in product-harm crises inMexico", *Journal of International Consumer Marketing*, vol. 17, 2005(2/3), pp. 33-50.

的"自动者"与"被动者"（后文亦用"自动者/被动者"之形式）的区分是默认配置，是"生而知之者"。理由在于，（1）人类的新生儿很快习得了一整套的关于"动"的知识："对 4 个月婴儿的知觉推论来说，运动似乎是最重要的"；"这种必然的感受证明，与图形形状的良好性、颜色、材质、质地的连续性等格式塔特性相比，运动是更为基本的物体知觉的制约。"①——这个标准如此重要以至于儿童会毫不犹豫地放弃哲学家所珍视的"一致性"诺言来捍卫它；"（12 个月大的——笔者注）婴儿的分类不是基于知觉相似性，而是基于生物体和非生物体活动的概念相似性——活动是使婴儿把相似的玩具分到两种不同的种类中去的唯一特性。……儿童的判断只取决于他们认为这个物体能自我活动还是需要一个外在动因。"②（2）"人类普遍地表现出拥有一种非常复杂的'常识生物学'（Folk Biology）知识，……全世界的人都自然而然地将全世界的生物划分为植物和动物"③。这种"自动者/被动者"的区分可能是人们进行责任归因的一个重要"潜规则"——我们大脑中的"系统 1"早已替我们做好了判断："被动者"通常被免责；问责只对"能动者"进行；由于通常都由"能动者"负责，因此即使偶尔让他们"过度负责"也会比让"不动者"负责要合理——前者只是"过度"而后者则是"越界"。

6.3　"美德"与人类美德

美德伦理学发展出了一整套富有启发性的关于道德责任的理论，美德也在任何关于道德责任的讨论中几乎都无法避免。因此，我们也有必要触

---

① ［英］A. 卡米洛夫-史密斯著：《超越模块性》，缪小春译，上海：华东师范大学出版社，2001 年版，第 64-65 页。

② ［英］A. 卡米洛夫-史密斯著：《超越模块性》，缪小春译，上海：华东师范大学出版社，2001 年版，第 74-75 页。儿童是这样捍卫它的："即使一个动物或一个小塑像的照片都可能有尖长的东西，儿童也认为它们是不同的，因为一个可单独活动而另一个必须由人类动因推动。为了坚持他们关于这些有区别的活动的理论，3～4 岁儿童还创造一些可观察到的特性（当论证一个动物照片时，虽然它没有表现出脚，儿童说'我能看见它的脚'；在指一个显然有脚的塑像的照片时，儿童说'它不能单独活动，它没有脚'）。"（第 75 页）

③ ［美］D. M. 巴斯著：《进化心理学》，熊哲宏、张勇、晏倩译，上海：华东师范大学出版社，2007 年版，第 84 页。人类普遍拥有"常识生物学"是 Atran(1998)、Berlin(1992)、Keil(1995)的观点，而动植物的天然划分是 Atran(1998)的观点。

及这一重要论题。不过,首先应该搞清楚,"美德"到底是什么?

6.3.1　美德就是亲社会行为

事实上,马特·里德利(Matt Ridley)指出,"我们几乎专门将美德定义为亲社会的行为,而将邪恶定义为反社会的行为。"①"美德几乎从定义上来说就是为了实现集体的更广大利益。……而那些明显体现出美德并让我们都赞赏有加的事情——如合作精神、利他主义、慷慨、同情、善良和无私等——这些事情都清清楚楚地与他人的幸福有关。这并不是狭隘的西方传统,而是全体人类共有的倾向。"②应该说这并非"空前的创见",因为大卫·休谟(David Home)早已在《人性论》中表达了类似的观点:"当任何性质或性格有促进人类福利的倾向时,我们就对它表示高兴,加以赞许"③——美德是"亲社会的性质或者性格"。美德的重要内容是"利他行为",这些利他行为包括:(1)助人于困(意外、捕食、种内斗争(intraspecific aggression));(2)分享食物④;(3)救死扶伤,尊老爱幼(helping the sick, the wounded, or the very young and old;);(4)分享器具;(5)分享知识;(6)对施助者(giver)而言代价较小,对受助者(taker)而言,效益很大。⑤"代价较小"与"效益很大"的表述当然也可以进行某种功利主义的解读。可见,第6条标准意味着这种利他应该是"经济"的,具有经济上的合理性。

6.3.2　美德与"自私"的兼容

而多数情况下,"美德"也并没有"彻底的无私性"。迈克尔·盖斯林

---

① 　[英]马特·里德利著:《美德的起源:人类本能与协作的进化》,吴礼敬译,北京:机械工业出版社,2015年版,第12页。

② 　[英]马特·里德利著:《美德的起源:人类本能与协作的进化》,吴礼敬译,北京:机械工业出版社,2015年版,第27页。

③ 　[英]休谟著:《人性论·下》,关文运译,郑之骧校,北京:商务印书馆,2010年版,第623页。

④ 　巴斯指出,"分享食物是人类的一项主要的社会活动。"以至于有的文化中发展出了特定的词汇来表示各种不同的饥饿,如Boswana的! Kung San人就有专门表示"很想吃肉的饥饿"的词汇。D. M. 巴斯. 进化心理学[M]. 熊宏哲,张勇,晏倩译,上海:华东师范大学出版社,2007年版:第86页。在当代中国,一些传统节日则几乎主要化身成了对应的代表性食物节,如"元宵—汤圆节""端午—粽子节""中秋—月饼节""冬至—饺子节"等,可见食物与节庆活动的深刻渊源。

⑤ 　Trivers R L. "The evolution of reciprocal altruism", *Quarterly review of biology*, vol. 46,1971(1), p.45.

(Michael Ghiselin)指出,"被误认为是美德的那些东西,其实都是一种不得已而为之的权宜。"①马特·里德利甚至不客气地随后(迈克尔·盖斯林这句话——笔者注)指出,"那些基督徒在感觉自己高人一等之前应该停下来想一想:他们教导别人说你应该践行美德死后才能上天堂——这其实就是个天大的贿赂,正式诉诸人们的自私行为。"②在"自私"的问题上,休谟的理解已经非常清晰,指出"自私"乃是人性:"自私是和人性不可分离的,并且是我们的组织和结构中所固有的。"③尼采的"生命意志"倒是与之暗合:"生命的本质是赤裸的利己主义本能力量的冲动,它是生命意志的根本。"④

例如,弗兰西斯·哈奇森(Francis Hutcheson)在其《道德哲学体系》结尾声称,"由于我们注意到地上的万国万城都摇摇欲坠(似乎应为"摇摇欲坠"——笔者注),很快就会变成废墟,所以,就让我们去寻求一个由上帝建立和缔造的有永固基础的天堂国家吧。"⑤我相信这种贿赂还是很有吸引力的,因为我就曾在2014年夏的某一天下课从紫金港教室里走出来以后被吸引了很久。不过,难道有哪一种宗教不是这样的吗? 道教许下了在此岸就可以"白日飞升"的"大饼",而佛教则强调"度己度人",在"我不下地狱谁下地狱"的大无畏和慈悲之余,也还是诉诸了"因果报应"这样的"利诱+恐吓"("恐吓"可能是一个难听的词,然而人们在面对从第一层"拔舌地狱"到第十八层"刀锯地狱"栩栩如生的描述——和图像时,恐怕很容易感到恐惧;何况还有最底层更可怖的"阿鼻地狱"(Avicinar Aka)或称"无间地狱"在等着有的人),形成"避—趋效应"把信众往行善积德的道路上引领。(不过其并未诉诸仅仅适用于同一目标的趋避冲突(approach-avoidance conflict),而是利用了更加强有力的一种新的"避—趋效应",即"趋"的方向与"避"的方向

① 转引自:[英]马特·里德利著:《美德的起源:人类本能与协作的进化》,吴礼敬译,北京:机械工业出版社,2015年版,第111页。

② [英]马特·里德利著:《美德的起源:人类本能与协作的进化》,吴礼敬译,北京:机械工业出版社,2015年版,第111页。

③ [英]休谟:《人性论·下》关文运译,郑之骧校,北京:商务印书馆,2010年版,第625页。

④ 万俊人:《现代西方伦理学史(上卷)》.北京:北京大学出版社,1991年版,第231页。

⑤ [英]弗兰西斯·哈奇森著:《道德哲学体系·上》,江畅、舒红跃、宋伟译,杭州:浙江大学出版社,2010年版,第217-218页。当然这一过程并不一定是非常痛苦的,朋霍费尔在其《追随基督》一书中称,"基督徒要作基督的真正门徒,不仅要相信基督,并且要甘心顺服祂的意愿,顺服地踏上十字架的道路。然而十字架的道路不是全然的痛苦,它的终点是喜乐和平安;人在舍弃中必得到真正的生命。"见朋霍费尔著《伦理学》(第8页)曹伟彤之"中译本导言"。

形成了夹角为0°的合力)。事实上,人类的亲社会行为与合作很可能只是互惠互利的结果。马特·里德利(Matt Ridley)指出:"那么到底是什么促成了人类社会的形成呢? 最可能的假设就是互惠互利。"①美国经济学会克拉克奖章获得者马修·乔尔·拉宾(Matthew Joel Rabin)也认为互惠才是"公平的",他甚至把公平性(Fairness)直接定义为"当别人对你友善时你也对别人友善,当别人对你不善时你也对别人不善"②。到这里不难发现:互惠互利就是美德! 罗伯特·特里弗斯(Robert Trivers)指出,"这些以自我利益为中心的个体之所以能相互合作,其中一个原因可能是因为'互惠原则':从根本上说,就是投之以桃,报之以李。"③而且,特里弗斯进一步指出,多数情况下的"利他行为"都是"很经济的","往往包含着以较小的代价换取较大的收益"④。

但是20世纪50年代梅里尔·弗勒德(Merril Flood)和梅尔文·雷德希尔(Melvin Dresher)率先提出了"囚徒困境",按照囚徒困境的逻辑——纳什均衡(Nash equilibrium,"每个博弈者的策略是其他博弈者采用策略的最佳回应,并且没有人违背他们选定的策略的动机"⑤)——不难发现,"我们大家都在为个人主义行为付出集体代价。"⑥然而合作、利他与美德最终还是出现,"选择自私终究不是一件明智的事情——只要这个游戏玩的次数不止一次。"⑦——这跟人格信任的建立非常相似,在该种信任中,"熟悉感"是信任产生的必要前提——这个有关信任的游戏玩的次数要不止一次。为什么人类社会可以形成如此高水平的合作呢? 生物学家罗伯特·特里弗斯

---

① 〔英〕马特·里德利著:《美德的起源:人类本能与协作的进化》,吴礼敬译,北京:机械工业出版社,2015年版,第38页。

② 转引自:叶航、陈叶烽、贾拥民等:《超越经济人》,北京:高等教育出版社,2013年版,第62页。

③ 〔英〕马特·里德利著:《美德的起源:人类本能与协作的进化》,吴礼敬译,北京:机械工业出版社,2015年版,第48页。

④ Trivers R L. "The evolution of reciprocal altruism", *Quarterly review of biology*, vol.46, 1971(1), p.45.

⑤ 〔英〕马特·里德利著:《美德的起源:人类本能与协作的进化》,吴礼敬译,北京:机械工业出版社,2015年版,第45页。

⑥ 〔英〕马特·里德利著:《美德的起源:人类本能与协作的进化》,吴礼敬译,北京:机械工业出版社,2015年版,第43页。

⑦ 〔英〕马特·里德利著:《美德的起源:人类本能与协作的进化》,吴礼敬译,北京:机械工业出版社,2015年版,第45页。

(Robert Trivers)预测,"一对个体之间互动的时间越长,合作的机会就越大"①。事实上,"一次性的相遇会鼓励背叛,而经常性的相遇则会促进合作。"你在许多火车站附近餐厅挨宰的糟糕体验很可能与此有关——你们很少能再次碰头。另一方面,"天生对集体的附庸和依赖,部分地解释了我们的合作本能。"②

1979 年罗伯特·阿克塞尔罗德(Robert Axelrod)发起的比赛让政治科学家阿纳托尔·拉波波特(Anatol Rapoport)那个友好、与人为善但同时又"睚眦必报"(——这里的双引号可能是一种误用)的"梅纳德史密斯复仇者"式"以牙还牙"(Tit for Tat)的程序脱颖而出:"一开始,那些卑鄙无耻的策略不惜牺牲天真友善的策略而得以迅猛发展,只有像'以牙还牙'这样的复仇者能和它们并驾齐驱。但随后,慢慢地,那些卑鄙无耻的策略将容易攻击的对手一一清理干净后,遭遇到的全是和自己一样的对手,它们的数目也开始急剧萎缩,这时候'以牙还牙'开始步入前列,最后它又一次傲视群雄,在战场上独领风骚。"③ Trivers 指出,这是一种"条件性互惠"(Contingent Reciprocity)——有别于"圣母"的"无条件互惠"。可以说,"以牙还牙"(Tit for Tat)才是进化上具有生存竞争力——进化上稳定的道德策略选择——而不是做"撒旦"("始终背叛"的竞争者)或者"圣母"(无条件宽恕、始终合作的竞争者)④。以牙还牙是一种稳定的进化策略(Evolutionary Stable Strategy,ESS),"因为它打败了其他各式各样的策略,最终能够在群体中扩

---

① [英]马特·里德利著:《美德的起源:人类本能与协作的进化》,吴礼敬译,北京:机械工业出版社,2015 年版,第 49-51 页。

② [英]马特·里德利著:《美德的起源:人类本能与协作的进化》,吴礼敬译,北京:机械工业出版社,2015 年版,第 173 页。

③ [英]马特·里德利著:《美德的起源:人类本能与协作的进化》,吴礼敬译,北京:机械工业出版社,2015 年版,第 48 页。

④ 在这里,"撒旦"和"圣母"的含义是我赋予的。当然还有"傻瓜""巴甫洛夫"策略,可视为一种"智能版的以牙还牙策略"。这是"带有一丝恶毒倾向的"策略,它乐于合作,但是如果遇到傻瓜也会"乐于背叛",在惩罚对方不合作之后又愿意转向新的合作。这一策略由卡尔·西格蒙德(Karl Sigmund)和马丁·诺瓦克(Martin Nowak)提出,该策略"在充满各种可能和学习机会的更现实的世界里"最终成为"进化过程中真正稳定不变的策略"。见[英]马特·里德利著:《美德的起源:人类本能与协作的进化》,吴礼敬译,北京:机械工业出版社,2015 年版,第 62-63 页。

散开来。而它一旦在群体中发展起来，就不可能再被其他策略所取代。"①这类策略的特征在于，"如果群体中的大多数成员都采取这种策略，那就不可能有比它更好的策略。"②

6.3.3 真正的善具有稳健性

与之对应的，美德也应当具有自持性。换言之，美德一方面应当具有对受众的吸引力，另一方面应当具有面对其他类型的"美德"冲击或"恶德"排挤时，具有竞争力；作为具体策略则应是稳定的进化策略。可以认为，真正的善应当具有稳健性（Robustness）。

简言之，"互利合作"的利他性构成了人类"美德"的核心要素，乃至直接构成美德的基础：著名的《美德的起源：人类本能与协作的进化》一书就是以此结尾的："我们必须鼓励平等的个体之间的社会和物质交换，因为这是建立信任的原料，而信任则是美德的基础。"③平等个体之间的互惠互利促成了美德。不过某些道德家可能会辩称，"无私地"利他才是一种美德。较之"以牙还牙"的策略，他们可能更赞赏的是"以德报怨"；然而中国的先贤孔子（Confucius）早就对此提出了质疑："何以报德？"孔子开出的正是以牙还牙（Tit for Tat）的药方："以直报怨，以德报德。"④不能不说这是贤者的远见。中国著名文学家鲁迅也是这一版本的拥护者，他把人生经验的凝聚传递给子女后人："损着别人的牙眼，却反对报复，主张宽容的人，万勿和他接近。"他们都是反对"乡愿"的——在物联网开始起步的今天，我们有一个无涉性别的词来恰如其分地描述这类人——"圣母婊"。这些主张无条件"宽容"的人都是将（或已经）被自然选择淘汰的群体——去条件宽容的鼓吹者就是人类的毒害者。因为人类的合作实在是一个伟大的奇迹，而其中，报复则是合作形成的关键的约束条件。正如丹·艾瑞里所指出的："报复是人类根深蒂

---

① ［美］D. M. 巴斯著：《进化心理学》，熊哲宏、张勇、晏倩译，上海：华东师范大学出版社，2007年版，第290页。

② ［美］D. M. 巴斯著：《进化心理学》，熊哲宏、张勇、晏倩译，上海：华东师范大学出版社，2007年版，第290页。具体观点为道金斯1989年于《自私的基因》中提出。

③ ［英］马特·里德利著：《美德的起源：人类本能与协作的进化》，吴礼敬译，北京：机械工业出版社，2015年版，第229页。

④ 《论语·宪问》：或曰："以德报怨，何如？"子曰："何以报德？以直报怨，以德报德。"杨伯峻：《论语译注》，北京：中华书局，2009年版，第154页。

固的一种本能。……报复的威胁——即使人们要付出巨大的代价——能够成为维护和支撑社会秩序有效的强机制。"①

　　事实上,"报复"和与之直接相关的"利他惩罚"有着深厚的生物学和社会学基础。(1)生物学基础:"在游戏参与者决定实施惩罚时,他们的大脑处于正电子放射断层造影探测系统(PET)的扫描之中。……结果表明大脑纹状体活动加强,而大脑的一部分活动与人们体验奖励相关联。换言之,根据正电子放射断层造影探测系统的扫描结果,惩罚别人的决定似乎与快感有关联。还有,实验证明那些大脑纹状体激活程度越高的人,对对方实施的惩罚就越重。"②换言之,实行"这种(报复的——笔者注)欲望是有生物学基础的,而且这种行为事实上能获得快感(或者起码引发类似快感的反应)。"③(2)社会学基础:"要解释人类社会的高水平合作,利他性惩罚可能是一个关键性因素。……最新的人类合作演化模型也显示,利他惩罚行为在演化上有久远的历史,这暗示人们承担惩罚他人的成本的机制是自然选择的结果。"④

　　人类是合作的动物。

　　在人类的合作中,"公平"是一个非常重要的内容。

6.3.4　自私的悖论

　　启蒙时期的不少道德哲学家通常都认为,我们人类并不自私。弗兰西斯·哈奇森(Francis Hutcheson)认为人类"意志的行为"可以区分为"自私"(selfish)和"仁慈"(benevolent)两种类型,而"所有严谨的争论都已证明,意志的所有动机出自同一个源头,没有人能够否认我们经常具有真正发自内心的、未加掩饰的希望他人幸福的愿望,只是在这些愿望的程度上非常

---

①　[美]丹·艾瑞里:《怪诞行为学 2:非理性的积极力量》,赵德亮译,北京:中信出版社,2010年版,第 97 页。

②　[美]丹·艾瑞里:《怪诞行为学 2:非理性的积极力量》,赵德亮译,北京:中信出版社,2010年版,第 99 页。

③　[美]丹·艾瑞里:《怪诞行为学 2:非理性的积极力量》,赵德亮译,北京:中信出版社,2010年版,第 99-100 页。

④　叶航、陈叶烽、贾拥民等:《超越经济人》,北京:高等教育出版社,2013 年版,第 181 页。

不同而已。"①我们是关心他人、乐于合作的仁慈的物种。关于美德,还存在一个"自私的悖论":"人们通常都会反对自私,他们鄙视贪婪并且相互告诫要提防那些以一心追求自身目标而闻名的人。同样,他们敬仰那些公正无私的利他主义者;这些人毫不利己专门利人的故事成了传说。"在东方有我们耳熟能详、永远不老的雷锋(Lei Feng)叔叔,西方也有着特蕾莎修女(Mother Teresa,或称 Saint Teresa of Calcutta)。"所以在道德层面,大家都同意利他主义值得提倡,而自私自利则必须谴责,这是明白无误的。"悖论在于,"那为什么大多数人并没有成为利他主义者呢?"②朋霍费尔甚至认为:"有一种比赤裸裸的利己主义更糟的心理上毫无自我的尺度。"③

另一方面,美德的存在也是互利者相互合作的结果。弗兰克的道德情操论解决了这个悖论:"通过强调囚徒困境这场博弈里所面临的挑战就是要吸引正确的伙伴,他展示了互惠者怎样一头栽倒在社会之外,而让自私的理性主义者自生自灭。……一旦合作者将自己和社会其余人员隔离开来,一种全新的进化力量就会起作用:这种力量让集体和集体对抗,而不是和个体对抗。"事实上更多的时候可能是"互利合作的集体"去对抗一个个"理性自利的个体"④,这是一种简单的"降维攻击",道理似乎极其简单,但它却蕴藏着人类社会赖以合作、道德赖以形成的秘密。

这不禁让我想起在学前班的时候我带领小伙伴们一起去揍一个二年级的男同学以"主持公道"的校园暴力故事——一群团结的小朋友足以把一个大块头的胖子推倒(当然,首先从气势上就是一种镇压),甚至打破脑壳——那个原本霸道的二年级小朋友哭着跑掉了,同时校医院的医生用干净的镊子夹着蘸满棕红色碘酒的脱脂棉球来收拾残局——这是后话;当我上三年级他和我同班时还对我唯唯诺诺、毕恭毕敬——这是更后的后话。我原以为这样的故事只会发生在秦岭余脉的某个暑假过后的小学的"操场"上,然

①　[英]弗兰西斯·哈奇森著:《道德哲学体系·上》,江畅、舒红跃、宋伟译,杭州:浙江大学出版社,2010 年版,第 9-10 页。
②　[英]马特·里德利著:《美德的起源:人类本能与协作的进化》,吴礼敬译,北京:机械工业出版社,2015 年版,第 122 页。
③　[德]朋霍费尔著:《伦理学》,胡其鼎译,上海:世纪出版集团上海人民出版社,2007 年版,第 138 页。脚注部分。
④　[英]马特·里德利著:《美德的起源:人类本能与协作的进化》,吴礼敬译,北京:机械工业出版社,2015 年版,第 125 页。

而事实表明我真的想得太多了——哦,不,是太少了。事实上,在东非草原上生活的众多年轻的公狒狒们"想要获得性交的机会:它们就要拉帮结伙,一起对付年长的狒狒,将它们从霸占的母狒狒那里赶跑。"正是对非洲狒狒们合作的亲眼目睹才启发了罗伯特·特里弗斯提出他著名的"互惠的利他主义"(reciprocal altruism)理论。[①]

6.3.5 美德及其边界:一种进化心理学的视角

事实上,"人类(特别是男性)通常会形成同盟,去强行夺取其他人的资源。比如 Yanomamö 男性就会形成雄性同盟,向邻近的部落发起进攻,夺取他们的食物和育龄妇女(Chagon,1983)。"[②]"互利合作"的好处在于可以让愿意合作的人发现同伴,结成同盟,同仇敌忾。他们扩大了竞争的规模、提升了竞争的实力——从个体层面上升到"群体"或者"互利群落"层面了。进而,对社会性动物而言,"真正起作用的并不是力量的大小,而是社交能力的强弱。残忍的武力受到美德的驯服,联系紧密的动物将会统治地球。"[③]这自然会引发身体重要性的下降和社交等高级智能重要性的提升。"合作一开始并不是因为美德的原因形成的,而只是实现自私目标的一个工具。如果我们要庆祝人类社会非比寻常的合作特征,我们首先必须认识它得以锻造而成的基本金属材料。"[④]事实,包括我们人类在内的"灵长目动物的体型大小并不是等级高低的决定性因素。相反,灵长目动物的等级次序更多地取决于个体的社会技能,最重要的就是能否赢得朋友和同盟者的合作和支持。"[⑤]合作有助于我们的生存,而肉体生命——这个经常被哲学家们嘲讽的存在有着特殊的存在意义:"由于所有的权利随着死亡而失效,所以,维

[①] [英]马特·里德利著:《美德的起源:人类本能与协作的进化》,吴礼敬译,北京:机械工业出版社,2015 年版,第 128 页。引文中"机会"一词后应为逗号(,),但书中为冒号(:),本句忠于原书。

[②] [美]D. M. 巴斯著:《进化心理学》,熊哲宏、张勇、晏倩译,上海:华东师范大学出版社,2007 年版,第 320 页。

[③] [英]马特·里德利著:《美德的起源:人类本能与协作的进化》,吴礼敬译,北京:机械工业出版社,2015 年版,第 129 页。

[④] [英]马特·里德利著:《美德的起源:人类本能与协作的进化》,吴礼敬译,北京:机械工业出版社,2015 年版,第 129 页。

[⑤] [美]D. M. 巴斯著:《进化心理学》,熊哲宏、张勇、晏倩译,上海:华东师范大学出版社,2007 年版,第 391 页。

持肉体 | 生命是所有的自然权利的基础并因此而具有特殊重要性。"[①]至于对付欺骗(defection)和搭便车(free-riding),人类也进化出了高水平的"惩罚性情感(punitive sentiment)"来解决"搭便车难题":(1)它增加了那些不情愿履行分内职责的人为群体做出应有贡献的可能性;(2)破坏那些搭便车的人通过逃避责任而获得的适应性收益,即"消除了不利的适应性差异"。[②]

采取一种进化生物学的视角的确有助于我们从哲学上更加深刻地理解"美德"与"利他"行为。"利他"在陌生人、熟悉的人和亲人之间是存在显著差异的,"血浓于水"的根本原因可能在于"遗传相关度"。孟子(Mencius)讲"老吾老以及人之老,幼吾幼以及人之幼,天下可运于掌。"[③]至少前半句,孟子是对的,因为它是符合进化规律的:"如果一种机制让我们先帮助近亲,然后是远亲,最后才是陌生人的话,那么自然选择通常会让这样的机制得以进化。"事实上,"我们对亲戚的偏爱是如此的司空见惯,以至于很少有研究者会认为对这个主题的研究会带来什么富有创见的发现。"[④]根据汉密尔顿规则(Hamilton's rule)的正式公式:$c<rb$(c 为利他者所付出的代价,r 是利他者和受惠者之间的"遗传相关度",b 是指受惠者所获得的收益)的情况下,这样的利他基因就能得以进化。"Hanmilton 规则阐明了利他基因——其实是所有的基因——在进化过程中所受到的选择压力。如果一种特质(基因)通过突变进入群体当中,而它又违反了 Hanmilton 规则的话,那自然选择会将它无情地淘汰掉。只有当特质的基因编码满足 Hanmilton 规则时,这些基因才能扩散到整个群体中去,进化成物种所特有的本领中的一部分。"[⑤]本来"无私的美德"经过这样一轮转换变成了"自私的基因",这真的令人难以接受。然而学会接受这个世界的不完美,接受那些"残酷的真相"或许是我们升级认知所必须的。这绝非宣扬"赤裸裸的自私",而是在试

---

① [德]朋霍费尔著:《伦理学》,胡其鼎译,上海:世纪出版集团上海人民出版社,2007 年版,第 73 页。

② 观点为 Price et al(2002)提出,引自[美]D. M. 巴斯著:《进化心理学》,熊哲宏、张勇、晏倩译,上海:华东师范大学出版社,2007 年版,第 314 页。

③ 孟子:《孟子》篇梁惠王章句上,十三经注疏本,第 22 页。

④ [美]D. M. 巴斯著:《进化心理学》,熊哲宏、张勇、晏倩译,上海:华东师范大学出版社,2007 年版,第 247 页。

⑤ [美]D. M. 巴斯著:《进化心理学》,熊哲宏、张勇、晏倩译,上海:华东师范大学出版社,2007 年版,第 248-249 页。

图为美德、利他行为和责任归因寻找一个更真实也更坚实的基础：这在人类和其他动物中同样适用；最好不要以为"美德"一类的东西只存在于我们人类之中。

马特·里德利警示我们，在从自然学习的过程中要注意在斯库拉（scylla）这个魅惑的海妖——就是她吞掉了《奥德赛》中奥德修斯回家路上的六名船员——和卡律布狄斯（charybdis）这个盘踞在意大利墨西拿海峡的海怪；他提醒我们注意避免过度关注"动物中和人类相似的直接证据"以及过度关注"人类的唯一性"①；在从自然界寻求"合作"这种美德的证据的时候，我们很需要亚里士多德所强调的"中道"（mesotees）的教导。罗莎琳德·赫斯特豪斯（Rosalind Hursthouse）同样提醒："看起来，我们需要一种可以避免这两个极端（一端偏向动物性/非理性，另一端偏向彻底的理性）的看法。"②——而这正是我们在责任归因的问题上最容易出现的一种错误。

最好还是认识到，我们的美德是有边界的。例如，我们的美德——以及道德感，我们的许多认知模式和经验范式，它们的诸多特征都与我们人类群体的规模密切相关。"即使你不知道某一种群的群体规模，你也可以用大脑体积来预测他的自然群里的大小。这个逻辑显示，人类生活的群体规模可以到达150人。……这是我们能互相知根知底的人数。"③又如，"公共利益"这一概念的产生，就与捕猎有关。"捕杀大型猎物首次给人类带来了公共利益这个概念。"④弗兰西斯·哈奇森（Francis Hutcheson）认为，道德真理是这样的："这就是通常所说的，人们所追求的道德真理仅仅是这些命题，那些表明什么行为是仁慈（good）的命题，我们有义务做（obligated to do）什么的命题，以及什么事情应该做（ought to done）的命题。"我们应该意识到：它们是并且只是——人类的美德；同样需要认识到的是，归因，它们是并且只是——人类的归因。

---

① ［英］马特·里德利著：《美德的起源：人类本能与协作的进化》，吴礼敬译，北京：机械工业出版社，2015 年版，第 131-132 页。

② ［新西兰］罗莎琳德·赫斯特豪斯著：《美德伦理学》，李义天译，上海：译林出版社，2016 年版，第 122 页。

③ ［英］马特·里德利著：《美德的起源：人类本能与协作的进化》，吴礼敬译，北京：机械工业出版社，2015 年版，第 48 页。

④ ［英］马特·里德利著：《美德的起源：人类本能与协作的进化》，吴礼敬译，北京：机械工业出版社，2015 年版，第 89 页。

7 "人类的归因"

7.1 "理性"与"情感"

7.1.1 理性

"理性"(Rationality)是在哲学中被过度演绎的神话。

"理性"经常被视为一种值得称道和珍惜的人类品质。特别是在思辨哲学中,此类命题甚多:例如"理性主体的存在是负责的前提条件"等等。马特·里德利(Matt Ridley)首先指出:"社会并不是由理性的人类创造的,它是随着我们的本性一起进化的结果。和我们的身体是基因的产物一样,社会也是我们基因的产物。……我的目的是要让你相信,一定要设法走出自身的局限,回顾一下我们这个有着各种缺陷的物种。"[①]马特·里德利继续指出:"正如哥白尼和达尔文一样,威廉姆斯和汉密尔顿给了妄自尊大的人类一记重击,让他们羞愧难当。人类不仅只是动物的一种,而且也是自私基因委员会用完即扔的玩物和工具。"[②]政治经济学家阿玛塔亚·森(Amartya Sen)将这种目光短浅而又自私自利的人称为"理性的傻子"。[③]

---

① [英]马特·里德利著:《美德的起源:人类本能与协作的进化》,吴礼敬译,北京:机械工业出版社,2015年版,第 XII-XⅢ 页。

② [英]马特·里德利著:《美德的起源:人类本能与协作的进化》,吴礼敬译,北京:机械工业出版社,2015年版,第9页。

③ 转引自[英]马特·里德利著:《美德的起源:人类本能与协作的进化》,吴礼敬译,北京:机械工业出版社,2015年版,第115页。

试图刺杀希特勒的那个勇敢的德国哲学家朋霍费尔对人类的理性能力表示了质疑。他指出："令人震惊的是有理性的人（Die Vernunftigen）的无能为力，他们既没有能力看到邪恶的深渊，也没有能力看到神圣的深渊。他们怀着最善良的意愿，自以为能够借助一点理性，把解体的木骨架重新接合。他们视力不济，却还想公道地对待双方，结果在猛烈相接的两股暴力之间被碾碎，落得一事无成。"①

不过，"理性"本身是无害的，有害的只是对理性的滥用。这种滥用到了一种无以复加的程度，以至于我们在这里的论述看起来只像是一种情感的宣泄，一种矫枉过正。至少，让理性回到它应该回到的位置上去，这本身或许就是一种基本的"理性"。一种纯粹的"理性"就像人类心智中没有天敌的外来物种，这一"入侵者"占据了太多的生态位导致了某些有价值的人类能力——例如情感和"实践理性"的濒危，因此稍微"清算"一下也不算太过分，哪怕看起来"矫枉过正"。

事实上我们的确有——至少现在，有更多的理由，怀疑人类这种"逻辑理性"的"合理性"。在我博士论文答辩的日子，在中国浙江，2.0 版的AlphaGo 彻底战胜人类最杰出的棋手柯杰，成为"围棋之神"；这在第一个人类引以为傲的领域宣告人类"理性的失败"，未来还会有更多的领域、以更快的速度被人工智能占领、统治。与其继续"敝帚自珍"，倒不如给"理性"以客观的评判、正确的定位，与此前被遮蔽的其他人类天赋——比如"情感"一起各得其所为妙。

7.1.2 情感及其作用

情感通常被视为"理性"特别是"逻辑理性"的"对立面"，它对责任归因和道德判断的作用被忽视的程度令人诧异——尽管历史上并不都是这个样子。如亚当·弗格森早就指出，"情感是与被认作善或恶的事物相关的一种精神状态"。② 而"善"则是重要的道德价值。事实上，其最重要的作用在

---

① ［德］朋霍费尔著：《伦理学》，胡其鼎译，上海：上海人民出版社，2007 年版，第 73 页。事实上，这段话用来描述当代许多互相冲突的政治观点也是合适的。

② ［英］亚当·弗格森著：《道德哲学原理》，孙飞宇、田耕译，上海：世纪出版集团上海人民出版社，2005 年版，第 31 页。

于,"情感防止我们成为理智的傻瓜"。① 亚里士多德主义者会支持"情感在道德上具有重要意义"的主张②,罗莎琳德·赫斯特豪斯(Rosalind Hursthouse)指出,由于亚里士多德关于人类理性的论述使得情感能够成为理性的一部分,"从而在定义完整的美德时发挥了恰当的功能",亚里士多德及其主义者在情感的道德意义问题上具有超越康德和休谟的优势之处。③ "亚里士多德论证的优势之处在于他对人类理性的论述,该论述允许情感参与到理性之中,而不仅仅是纯粹动物式的非理性冲动,从而情感可以在详细说明完整美德的过程中扮演它们恰当的角色。美德涉及行为和感受,而用于发展美德的道德教育则涉及情感教育。"④

罗伯特·特里弗斯(Robert Trivers)指出,"情感在我们内心的精打细算和外在的行为之间居中调停"。⑤ 特里弗斯说出了关于人类的一个可怕真相:"人类情感更像一个实行互惠原则的社会动物所使用的工具包,经过了精心的修饰。"⑥

罗莎琳德·赫斯特豪斯认为:"一种恰当的情感观念"是"在'善'与'恶'最一般、最基本的意义上,情感包含着关于它们的观念或想象(或想法或理解),把它们当做追求和回避的正式对象。"⑦大卫·休谟则认为,情感是一

---

① 〔英〕马特·里德利著:《美德的起源:人类本能与协作的进化》,吴礼敬译,北京:机械工业出版社,2015年版,第105页。作者用整整一章来表达这一观点。

② 观点出自〔新西兰〕罗莎琳德·赫斯特豪斯著:《美德伦理学》,李义天译,上海:译林出版社,2016年版,第120页。具体而言,包含这三条主张:(1)美德(与恶德)在道德上具有重要意义。(2)美德(与恶德)不仅全都是行为的秉性,而且全都是体验情感的秉性,它们既是对行为的推动,也是对行为的反馈。(亚里士多德一再表示,美德与行为和感觉有关。)(3)在美德之人那里,这些情感会在正确的情境中、出于正确的理由、面向正确的人或事物而被体验到,在这里,"正确的"意味着对的,就像"新西兰的首都在哪里"这个问题的"正确答案"是"惠灵顿"一样。

③ 〔新西兰〕罗莎琳德·赫斯特豪斯著:《美德伦理学》,李义天译,上海:译林出版社,2016年版,第132-133页。

④ 〔新西兰〕罗莎琳德·赫斯特豪斯著:《美德伦理学》,李义天译,上海:译林出版社,2016年版,第21页。

⑤ 转引自〔英〕马特·里德利著:《美德的起源:人类本能与协作的进化》,吴礼敬译,北京:机械工业出版社,2015年版,第114页。

⑥ Trivers R L. "The evolution of reciprocal altruism", *Quarterly review of biology*, vol. 46, 1971(1), pp. 35-57.

⑦ 〔新西兰〕罗莎琳德·赫斯特豪斯著:《美德伦理学》,李义天译,上海:译林出版社,2016年版,第123页。

种"基本的存在"："情感是一种原始的存在，或者也可以说是存在的一个变异，并不包含有任何表象的性质，使它成为其他任何存在物或者变异的一个复本。"①

情感作用的一个特点在于其"即时性"。阿格妮丝·赫勒（Agnes Heller）指出："某些行动只允许短暂的思考。这是从道德视角评估行动的习惯成为关键的地方。习惯培养着像闪电一样运转的直觉：它照亮预期行动的黑暗角落；道德决定和行动几乎是同时的。"②事实上，在道德判断的过程中，我们的确过度依赖我们人类进化获得的自动驾驶模式——系统1③（System 1）。弗兰西斯·哈奇森（Francis Hutcheson）指出："正如每一个人通过密切的观察和反省会使他自己确信的那样，存在着一种认可某些感情和随着这些感情而产生的行为的天赋的、直接的决断；或者说对于行为之中当下显现的卓越存在着一种天赋的感官，而无须涉及任何我们通过其他感官或凭借推理可知觉到的品性。"④他将这种决断称为"感官"（sense）或"本能"（instinct），强调了它与情感的密切关系以及直接性。弗兰西斯·哈奇森甚至认为："德性，正如前面一卷所证明，主要由各种感情所组成。"⑤这一天才的猜想得到了当代迅猛发展的认知神经科学的证实。在责任归因和道德判断中，情感快速而直接地"解决问题"，得出结论。

情感的作用还包括：（1）情感"改变了履行承诺难题带来的回报，把理性的算计中没有考虑的长远代价都放到目前来考虑。怒火会吓阻那些违背承诺的人；良心谴责会让欺骗他人的人感到痛苦不堪；嫉妒代表着私利；鄙视会赢来尊重；丢面子就是种惩罚；同情心引出互惠互利的同情心。"⑥情感与美德之间则有着更为广泛和历史悠久的联系。"在特定的情境中体验特定

---

① ［英］休谟著：《人性论·下册》，关文运译，郑之骧校，北京：商务印书馆，2010年版，第453页。

② ［匈牙利］阿格妮丝·赫勒：《道德哲学》，王秀敏译，北京：北京大学出版社，2003年版，第199页。

③ "系统1"及与之相对应的"系统2"是由基思·斯坦诺维奇和理查德·韦斯特率先提出的，随着卡尼曼的《思考，快与慢》这两个术语也逐渐为普通公众所熟悉。

④ ［英］弗兰西斯·哈奇森著：《道德哲学体系·上》，江畅、舒红跃、宋伟译，杭州：浙江大学出版社，2010年版，第57页。

⑤ ［英］弗兰西斯·哈奇森著：《道德哲学体系·上》，江畅、舒红跃、宋伟译，杭州：浙江大学出版社，2010年版，第214页。

⑥ ［英］马特·里德利著：《美德的起源：人类本能与协作的进化》，吴礼敬译，北京：机械工业出版社，2015年版，第113页。

的情感具有内在的道德价值,而不仅是工具价值或其他类型的内在价值。我们可以说,体验该情感之所以有'内在的道德价值',就是因为情感体现了美德。……还有另一种方式来表达同样的事实:由于情感反应包含着正确的理性内容,因此,情感具有内在的道德价值。"①

7.1.3 理性与情感

关于理性和情感,康德有着似乎略显矛盾的主张:"他似乎承诺说,我们的情感或偏好并不属于我们的理性。它们源于我们本质中非理性的、动物性的一面;如果它们碰巧使我们在应当做什么的问题上合乎理性判断地行动,那说明我们很幸运;如果它们常常让我们反对理性的判断,那我们会觉得生活很艰难;然而,它们使我们做出正确的行动却并非它们合乎理性的标志或标记。这些情感绝不可能是理性的。"②——在那个过度强调"理性"的时代,我们完全能容忍康德的这些"理性的偏见"。

在理性与情感关系的问题上,大卫·休谟显然是有远见的。休谟的主要观点是:(1)理性和情感的作用不同;(2)理性不能作为判别情感标尺。在其《人性论》(我们最好不要忘记其副标题是"在精神科学中采用实验推理方法的一个尝试")中,休谟指出:"反对我们情感的那个原则不能就是理性,而只是在不恰当的意义下被称为理性。……理性是并且也应该是情感的奴隶,除了服务和服从情感之外,再不能有任何其他的职务。"③因为"理性的作用在于发现真或伪",但"我们的情感、意志和行为是不能有那种符合或不符合关系的;它们是原始的事实或实在,本身圆满自足,并不参照其他的情感、意志和行为。因此,它们就不可能被断定为真或伪的,违反理性或者符合于理性。"④理性"在严格的哲学意义下"只有两个方式能影响我们的行为:(1)"它把成为某种情感的确当的对象的某种东西的存在告诉我们,因而刺激起那种情感来";(2)"它发现出因果的联系,因而给我们提供了发挥某

---

① [新西兰]罗莎琳德·赫斯特豪斯著:《美德伦理学》,李义天译,上海:译林出版社,2016年版,第121页。

② [新西兰]罗莎琳德·赫斯特豪斯著:《美德伦理学》,李义天译,上海:译林出版社,2016年版,第121-122页。

③ [英]休谟著:《人性论·下册》,关文运译,郑之骧校,北京:商务印书馆,2010年版,第453页。

④ [英]休谟著:《人性论·下册》,关文运译,郑之骧校,北京:商务印书馆,2010年版,第498-499页。

种情感的手段。因此,情感可以是"活动原则的源泉",而理性则不可能——"理性是完全不活动的。"①

另一方面,情感"不合理"的条件只有两种:(1)"建立于一个虚妄的假设上";(2)选择了不足以达到预定目的手段时,因此,休谟指出:"理性和情感永远不能互相对立,或是争夺对于意志和行为的统治权。"②

7.2 合"理性"与"合理"性

在道德判断和哲学推理中,存在一种滥用理性的倾向。

当单独使用"合理性"一词的时候,我们通常理解为"合'理性'",然而这并非全部,它也内在地蕴含着"'合理'性"。本书以"归纳推理"为例考察合"理性"与"合理"性。作为"休谟问题"的核心,归纳推理的"合理性"是一个一直受到广泛关注的有趣问题,这种兴趣不仅来自哲学学者,其他领域的研究者也对此表现出了极大的兴趣。可以说,归纳推理的合理性问题是一个"跨学科"的基础性问题,在探询科学结论有效性的时候人们往往难以绕过这个问题。我想表明,区分合"理性"与"合理"性对这一问题的最终解决是有益的。休谟问题(一般认为,休谟问题事实上包含关系密切但又有所区别的"归纳问题"和"因果问题"③;本处只讨论作为归纳问题的休谟问题)是个老生常谈的问题,它是否有解? 这取决于我们如何理解"合理性"。事实上,许多争论的发生,是由于混淆了"合理性"的两个层面所致。这两个层面是:(1)合"理性",(2)"合理"性。这一区分涉及数学归纳与心理归纳等问题,也涉及理论上的确证度与实践中的"有效性"。一旦我们正确地厘清了这个有所混淆的概念,休谟问题也就有了一种新的可能的解决路径。

如果我们追溯对归纳推理合理性辩护的历史,容易发现,主要的辩护都

① [英]休谟著:《人性论·下册》,关文运译,郑之骧校,北京:商务印书馆2010年版,第498-499页。

② [英]休谟著:《人性论·下册》,关文运译,郑之骧校,北京:商务印书馆,2010年版,第454-455页。

③ 陈晓平:《休谟问题评析——兼评"归纳问题"与"因果问题"之争》,《学术研究》,2003年第1期,第20-26页。

是从"可靠性"即"理性"、逻辑的角度展开的,这里的"合理性"其实是"合'理性'",而非"'合理'性"(后文将说明什么是"'合理'性")。由于单称和全称命题之间的不对称等因素,归纳推理是无法在逻辑体系内得到充分证明的,也就是说,归纳推理不能严格地合"理性"——对此卡尔·波普尔(Karl Popper)已有著名且令人信服的论证并基于此发展出了他的一整套"科学发现的逻辑";汉斯·赖欣巴哈(Hans Reichenbach)也曾指出,就真理合理性而言,归纳法得不到辩护;也就是,归纳法是不"合'理性'"的。陈波在《休谟问题和金岳霖的回答》中也指出,"归纳问题在逻辑上无解";然而,就实践层面的合理性而言,归纳法是可以得到辩护的;具有"'合理'性"——具有某种"现实必然性"和可接受性。

在逻辑体系之外得到辩护的不是逻辑层面的"合'理性'"而是实践层面的"'合理'性",概念不同。归纳推理的重要价值在于,具有对于生物人类的适应性和适用性,从生物对于环境适应的角度可以说明应用归纳推理的"'合理'性",即其现实价值;这也是归纳推理的"最大局部合理性"——只要没有违反数学归纳(甚至只要没有明显违反数学归纳),只要在实践中继续有效,归纳推理就是合理的。心理归纳追求的是生物适应性和适用性——我们不可能从"生活事件集合"中通过心理归纳,得到一个明显违反数学逻辑的结论并且对这个逻辑上错误的归纳深信不疑。我们之所以在心理层面上更相信"太阳明天从东方升起",正是由于我们在前天、昨天、今天早晨,都看到了这一现象;更是由于前年、去年、今年,只要天气晴朗,眼神好使,在地球而不是金星上(金星上太阳从西方升起),我们都可以看到"太阳从东方升起"——没有任何反例。"没有反例,其他情况不变",我们才能获得较高的归纳信心;一旦出现反例,比如,今天早晨太阳从西边升起来了,我们的"归纳信心"就必将大大降低甚至完全消失——原来太阳并不都"从东方升起"。后来经过仔细观察,我们又发现,原来太阳每周二四六从西方升起,其他时间都从东方升起(严格而言,这一假想只有针对在高纬地区自西向东飞行的飞机上这一特定情况才可能发生)。于是,我们形成了新的心理归纳,而原有心理归纳的普适性降低了:以前"太阳(每天)从东方升起",适用于地球上的每一周,每一天;现在太阳每周一、三、五、日从东方升起,那么这一归纳只适用于这四天。我们就此调整了心理归纳。我们之所以要调整心理归纳,原因在于,原有的心理归纳违反了逻辑归纳(出现了不符合"每天"或者"全都"的反例）；我们必须建立新的、符合逻辑归纳的心理归纳。显然我们也难以用心理归纳的"合理"性（生物适应性和适用性）来为"归纳推理"的"合理"性（逻辑严密性）作辩护，它们实际是两个概念；由于有着共同的名字而易被混淆。

就休谟问题本身即归纳法没有整体"合理性"而言，休谟对归纳法的质疑是成立的；也就是说，这个层面的"休谟问题"是无解的；休谟的主张是正确的：归纳是一种"心理活动"。就归纳法的"最大局部合理性"而言，休谟把归纳法简单等同于动物的心理本能是错误的；在这个意义上，休谟问题存在"局部最大合理性"的最优解。归纳法恐怕属于一种特殊人类心智层面的"适应器"（Adaptation）——可能是通过自然选择进化而来的，用于解决与人类生存相关问题的适应器。对历史时间上人类绝大多数问题而言，归纳推理已经足够了！这一适应器的功能在于：有效地、经济地、可靠地解决许多需要根据过往经验预测未来的情景——正如人类语言已经被可靠的证据证明是具备适应器所有特征的"一种卓越超群的适应器"一样。这种进化心理学的视角可能对解决"休谟问题"提供一种有力支撑。

关于两种"合理性"，另一个案例是著名的"囚徒困境"（Prisoner's Dilemma）。在经典的博弈案例囚徒困境中，合"理"性与"合理"性之间的差异得到了充分展示。以某一玩家为例，如果他的搭档没有认罪，那么他的出卖行为就可以让自己无罪释放并且获得一小笔奖金；反之如果他的搭档出卖了他，那么他的最佳选择仍然是出卖他的搭档，否则可能遭受更严厉的惩罚。"总之，尽管双方进行相互合作确实是最佳的选择，但是不管搭档选择哪一种行为，两个人的合理决策都应该是招供和背叛。"①"最佳的选择"是合"理"性的选择，而"合理决策"只是具有"合理"性的选择，也是最寻常、最真实的决策。有理由相信，人类生活中的大多数决策可能只是具有"合理"性而不是合"理"性。主要原因在于：（1）多数情况下我们处于不完全信息（Incomplete Information）状态，难以做出最优决策。（2）由于人们的理性是有限的，即使面对完全信息我们也常常做出"不完全决策"。比如，由于"启发式"的存在，人们在决策时倾向于使用比较容易评价的线索来做判

① ［美］D. M. 巴斯著：《进化心理学》，熊哲宏、张勇、晏倩译，上海：华东师范大学出版社，2007年版，第 289 页.

断——比如本书的审稿人可能首先会依据本书参考文献的数量、范围和质量来评估本书的质量。两个典型的启发式是"代表性启发式"（Representatitiveness Heuristic）和"可得性启发式"（Availability Heuristic）。(3)作为最优选择的合"理性"显然也是需要代价的，当合"理性"决策的代价大于合"理性"所带来的收益时，最合"理性"的决策就是放弃对这样一种合"理性"决策的执念，比如在著名的"布里丹之驴"（Buridan's Ass）的情境中。这头最终被饿死的可怜驴子显然也是一头被合"理性"误导了的"哲学标准驴"（Philosophical Standard Ass，PSA），因为它完全可以"合理"性地选择面前的任何一垛草——先吃饱了再来想哪一堆草更好吃，留作夜宵！我们最好不要忘记了，没有任何选择是没有代价的！有时候为了"最佳决策"所付出的代价本身可能超过了标的价值；在工商管理中，决策成本（cost of decision making）早已有了成熟的计量，因此，难以理解还有"唯理性论"对责任归因领域的"霸占"。

由于人们滥用的理性的病毒（Rationality Virus）也感染了一头无辜的驴子，我对此深表遗憾和痛心。不过考虑到驴子并没有哲学家这么傻，可以推测应该并没有因此而饿死的动物，因此又颇感欣慰。布里丹之驴的最初版本是：这头可怜的驴在等距离的一堆干草和一桶水之间饥渴至死（真残忍！），亚里士多德也曾"使人"同等地饥渴（a man equally hungry and thirsty）以强调"理性"。这可不是"中道"的理性，这是有毒的理性。

这种倾向在"责任归因"的问题中也反复出现，是一个需要正视的问题。一个潜在的原因可能是，当我们讲"责任归因"的时候，更多的我们是在进行一种社会性活动：我们试图达成一致或者说服对方；此时我们是旁观者而非行动者；旁观者需要一种能够实现"主体间一致性"的方案——"说理"，但说理的"理由"对行动者而言可能并不是必需的。二者遵守各自不同的逻辑——"行动的逻辑"与"解释的逻辑"。行动本身并不需要理由——我的意思是指行动本身并不需要任何一种"解释"。"理由"往往是一种事后的建构；建构理由的过程也是理性发挥作用的过程；但是这并不就意味着我们在行动的时候也需要这么多的理由和理性：理性是昂贵而奢侈的，最主要还是——缓慢的。乔纳森·戴维·海特（Jonathan David Haidt）也通过实证明确指出，"道德推理通常只是一种事后的建构（a post hoc construction），产生于已经达成的判断之后"①。他据此提出了与"理性模型"(rationalist models)对立的一个富有生命力和解释力的"社会直觉模型"(social intuitionist model)来替代传统滥用理性的模型;"社会直觉模型"强调社会和文化影响而不再强调个体"理性"推理;其事实基础在于,道德判断是基于快速、自动化的评价(quick, automatic evaluations)——"道德直觉"。

在许多责任归因过程中,理性的作用都只是将我们的行为"合理化";有时这个信念如此顽强以致我们都被自己说服了。正如威廉姆·詹姆斯所言,"许多人以为他们在思考,他们其实只是在重置(rearranging)偏见而已"。即使是偏见,在社会化的情境中也需要"合理化"——理性就是干这个事儿的。一般而言,说服我们自己是比较容易的,只要有一个理由就好——哪怕这个理由只是个毫不相干的替代;我们也不会对自己较真。说服别人会稍微麻烦一点,我们需要应对不停的追问,偶尔甚至会"理屈词穷"。然而总的来说,这种说服是有效的。至此,我们成功地欺骗了自己:关于责任归因和道德判断,我们的一切都是很理性的。

7.3　道德判断与道德辩护

诺贝尔奖经济学奖获得者丹尼尔·卡尼曼(Daniel Kahneman)指出,"你的直觉有可能只是错觉"②,在责任归因的过程中很多时候的确如此。以情感在"注意"中的作用为例,"前注意视觉注意"(preattentive visual attention)和"后注意视觉注意"(preattentive visual attention)差异显著,前者是"快速、自动、并行的"(fast, automatic, and parallel),并且"工作在低级刺激特征(low-level stimulus features)上,其首要目的是描绘空间环境中的物体";后者则是"缓慢、有意和串行的"(slow, deliberate, and serial),涉及更复杂的推理和解释过程,需要识别知觉(perceptual awareness)中已经被

---

① Haidt J. "The emotional dog and its rational tail: a social intuitionist approach to moral judgment", *Psychological review*, vol. 108, 2001(4), p. 814.

② [美]丹尼尔·卡尼曼著:《思考,快与慢》,胡晓姣,李爱民,何梦莹译,北京:中信出版社,2012年版,第43页。

定位的对象。① 当遭遇"外周重大事件"(peripheral significant events)时，人类可能中断"后注意视觉注意"的进程转而诉诸具有优先级的"后注意视觉注意"。A. Öhman 和 A. Flykt 等人通过实验发现，情感驱动的注意会让人快速应对：在恐惧情感支配下，被试可以更快地发现他们的恐惧之物②。换言之，情感"加速"了认知的过程。可以合理推测，在"责任归因"的问题上情感也会扮演相似的角色。③ 乔纳森·海特(即 Jonathan David Haidt)在其被引高达 5639 次(2017 年 3 月 10 日最后更新)的著名论文 *The emotional dog and its rational tail: a social intuitionist approach to moral judgment* 指出，理性主义的人们以为通过"推理"才得到了"道德观念"，事实却是道德情感(moral emotions，或作"道德感")自动化的工作迅速地产生了对各种行为的评判。本书也将详述，理性是奢侈、费时和低效的；许多结果的执行、价值的判断根本没有为我们留出足够的"反应时间"来理性思考，这时借助"无条件反射"式的情感，无疑更"合理"——更有效。

---

① Öhman A, Flykt A, Esteves F. "Emotion drives attention: detecting the snake in the grass", *Journal of experimental psychology: general*, vol. 130, 2001(3), p. 466.

② Öhman A, Flykt A, Esteves F. "Emotion drives attention: detecting the snake in the grass", *Journal of experimental psychology: general*, vol. 130, 2001(3), p. 472.

③ Haidt J. "The emotional dog and its rational tail: a social intuitionist approach to moral judgment", *Psychological review*, vol. 108, 2001(4), p. 14.

8　行动的逻辑与解释的逻辑

8.1　"原因"与"理由"

克里斯·霍奈尔（Chris Horner）和埃默里斯·韦斯科特（Emrys Westacott）指出，"原因"（Causes）与"理由"（Reasons）是一种非常重要的区分。以问一个人"为什么相信吃猪肉是不道德的"为例，人们给出的回答可能是：

1. 我相信吃猪肉是不道德的，因为我是一个素食主义者（vegetarian）；

2. 我相信吃猪肉是不道德的，因为我认为，猪和人一样都是生命，而杀害生命是不道德的。

这两个答案都可以用来回答这个关于"不吃猪肉"的问题。但答案 2 才被认为是一个可以被"哲学地接受"的"理由"。[①]

尽管"原因"与"理由"二者功能接近，都可以对"为什么"进行回答，但哲学家们却几乎都是"理由爱好者"而非"原因爱好者"。正如美国哲学家唐纳德·戴维森（Donnald Davison）所言："我们不能只以'特定的行动吸引了他'来解释为什么他做了某件事（did what he did），我们必须指出吸引他行动的到底是什么。"[②]——哲学家们是不会满足于"原因"的，他们总爱追问"理由"。在哲学超市里贩售没有标明来源的"相似产品"会被视为是对哲学

[①]　更全面的案例，参阅本章对应的期刊论文或所引述的原文。

[②]　Davidson D. "Actions, reasons, and causes", *The journal of philosophy*, vol. 60, 1963 (23), p. 685.

家智力的冒犯,哲学家对此特别在意——正如他们在沃尔玛超市里对"康师傅"和"康帅博"差异的介意一样。尽管在一个合理化的世界图景里"原因"与"理由"二者同等重要,甚至后者更为重要——特别是在我们连"是什么"都还没搞清楚的情况下。近年来,实验哲学的兴起和行动哲学的复归好像带来了一些有益的改变,但尚未从根本上重塑格局。

这种区分对作为道德判断基础的"责任归因"尤其重要。因为有关的历史研究一再表明,在责任归因问题上,"理由"无数次遮蔽了"原因"。尽管"旁观"特别是"客观的旁观"是颇受欢迎的一种哲学姿态,但它显然不能构成道德行动者的姿态和品质。我们倾向于认为,"真实的原因"远重于"虚幻的理由"。毕竟,"辩护"或"论证"都是旁观者的事,行动者不需要这些花里胡哨的衍生品。行动者需要的是一种"即使没有理由,也要去行动"的特质——行动者品质。多数情况下,作为"生活世界人"的行动者是不需要特别的行动理由乃至"原因"的,行动者甚至可以"自动行动"。换言之,行动者的多数行动是不需要解释和辩护的!

然而,这对"旁观者"而言行不通,"旁观者"容易认为行动者的行动需要"推动力"甚至某种终极性的"第一推动"。"旁观者"自己也经常需要一种"合理化姿态"——旁观者姿态,只有采取此种姿态才能在一群旁观者中与其他旁观者愉快地交流:"你看他腿很长,所以跑得快!""嗯不对,他爸爸就是全国短跑冠军,本来就有短跑基因!""依我看,最重要的原因是,听说拿不到金牌回国以后他们会被抓去挖煤!"这些可怜的旁观者哪里知道,这个盗走了"疯狂的石头"、跑在第一的人正在全力躲避穷追不舍警察的追捕!

不难看出,"行动者"与"旁观者"之间有着显著的"视角差异",这种差异主要体现为"行动的逻辑"与"解释的逻辑"。

8.2 道德行为的双重逻辑:"行动的逻辑"与"解释的逻辑"

跟"原因"与"理由""解释"与"辩护"相对应的,道德行为存在"行动的逻辑"与"解释的逻辑"的双重逻辑;也可以将前者视为"第一人称的逻辑",将后者视为"第三人称的逻辑"。

先看一个例子。布朗(Brown)和赫恩斯坦(Herrnstein)把道德判断与道德行为之间的关系视为"一个悖论",他们在《心理学》一书中专门拿出一章来讨论"道德判断与道德行为之间关系这一悖论":"研究儿童和青年道德推理发展的学者发现,绝大多数儿童和青年获得了习俗水平的'法律和秩序'的道德,它包括遵守法律以及力图公正地对待他人。在这一时期,社会心理学家却后浪推前浪般地揭示出,在某些情况下,某些高尚的青年可能会做出以下不道德的行为:故意毁坏人类文明或他人财物,对请求帮助的陌生人的生死攸关问题漠不关心,甚至危害他人的生命。"[①]由于发展心理学与社会心理学研究中的被试高度重合——均为"标准被试"("被试绝大部分都来自同一人群——美国青年,尤其是大学生。"),因此不能把这一分离归结为不同样本本身,那么最合理的解释就是归为"悖论"了。悖论在于,美国的大学生"知行不一"(其实我们有充足的信心将这一状况合理外推到"中国的大学生"乃至普通公众身上[②]);该分离具体来说就是"言行不一"——这绝非实验者效应在作怪,而是"行为"与"认知"之间普遍存在冲突的反映。对此,著名道德发展心理学家劳伦斯·科尔伯格(Lawrence Kohlberg)试图"通过假定道德学习和道德发展的双轨理论"解决这一悖论。他认为,道德判断是根据皮亚杰的认知冲突原则和序列性阶段重构的原则而不断发展的,而道德行为是通过某些其他历程发展或习得的,比如通过各种社会学习理论讨论的情境性社会学习和强化的规律。然而,布朗和赫恩斯坦发现:"如果你不这样假定,那么悖论也就不存在了,同时也就不会对某些人言语上高谈阔论、行动上畏缩不前大惊小怪了。"[③]布朗和赫恩斯坦的解释是:"事实上,除非你作某种假定,否则就不存在这个悖论。你一定假定了人们思考道德问题的方式决定人们行为的方式,以及行为和思维在通常情况下

---

① [美]L. 科尔伯格著:《道德发展心理学——道德阶段的本质与确证》,郭本禹、何谨、黄小丹等译,上海:华东师范大学出版社,2004 年版,第 487 页。

② 我们进行的实证研究已经初步证实了这一点。关于中国学生被试的情况,参见郭喨:《责任归因的实验哲学研究》,浙江大学博士论文(2017)。

③ [美]L. 科尔伯格著:《道德发展心理学——道德阶段的本质与确证》,郭本禹、何谨、黄小丹等译,上海:华东师范大学出版社,2004 年版,第 487 页。观点最初为 Brown 和 Herrnstein 于 1975 年于 Moral Reasoning and Conduct 一章中提出。

是协调一致的。"①的确,这种思维与行为之间的一致性以及"思维决定行为"是再自然不过的一个预设,是多数研究者解决责任归因与道德判断问题的"基准预设"。

可惜的是,这个"思维与行为一致"的预设是成问题的。

大学生"行为"与"认知"冲突的背后,是两种逻辑的冲突:"行动的逻辑"与"解释的逻辑"。

"行动的逻辑"容易理解——那些"干坏事"的大学生们行动的"真正的原因"。

"解释的逻辑"不难理解——那些"干坏事"的大学生们为自己的行为"辩护的理由"。

我们已经清楚,"原因"不同于"理由"。通过"道德学习",我们都很容易地掌握了某种解释。对于"善良""好""正义"等正面主题,"行动的逻辑"与"解释的逻辑"是比较"融洽"的,然而在"凶恶""坏""不义"等反面主题上,二者的分歧和冲突才显现出来。原因在于,这两种逻辑的"驱动力"不尽一致。"行动的逻辑"主要依赖于"系统1"而"解释的逻辑"必然要诉诸"系统2"。"系统1的自主运作诱发了极其复杂的理念模式,但只有相对缓慢的系统2才能按部就班地构建想法"②,对我们的行为进行归因、解释。"系统1"对于行动者至关重要,而"系统2"对于"旁观者"不可或缺。

在责任归因和道德判断中,存在一种过度理性化的倾向。理性主义的理论取向一般认为,"人们通过道德推理才获得了相应的道德观念"——这是一种更加倚赖"系统2"的"第三人称"视角,也是我们经常采用的一种视角。然而,在责任归因和道德判断的世界里,事实往往是,我们人类拥有的道德感(moral emotions)自动化的工作让我们迅速产生了对各种事物的道德评判。"进化理论告诉我们,我们的道德标准很可能以遗传相关度为基础。"③许多道德判断和责任归因的第一人称情境中,行动者根本没有那么

---

① [美]L.科尔伯格著:《道德发展心理学——道德阶段的本质与确证》,郭本禹、何谨、黄小丹等译,上海:华东师范大学出版社,2004年版,第487页。

② [美]丹尼尔·卡尼曼著:《思考,快与慢》,胡晓姣、李爱民、何梦莹译,北京:中信出版社,2012年版,第5页。

③ [美]D.M.巴斯著:《进化心理学》,熊哲宏、张勇、晏倩译,上海:华东师范大学出版社,2007年版,第437页。

多资源——比如时间空间,比如认知资源去仔细地斟酌、评判问题;棒球投手需要"下意识地"处理以 130 公里的时速向他迎面飞来的棒球,我们的大脑也有自己的"责任棒球"需要迎击——它哪有那么多时间去"解释"或者聆听"解释"!

这种过度"理性化"的倾向在"责任归因"中是个需要正视的问题。一个可能的原因是,当进行责任归因和道德判断的时候,更多的我们是在进行一种社会性活动:我们试图"自我辩护""达成一致"或者"说服对方";此时就讨论的具体事件而言,我们已是"旁观者"而非"行动者"。旁观者需要一个能够实现"主体间一致性"的方案——"说理"和"辩护",但说理的"理由"对行动者而言经常并非必需,甚至可能是多余或者虚假的。二者遵守各自不同的逻辑——"行动的逻辑"与"解释的逻辑"。行动本身并不需要理由——我是指行动本身并不需要任何一种意在达成主体间一致性的"解释"。"理由"往往是一种事后的建构,建构理由的过程也是理性发挥作用的过程;然而这并不意味着我们在行动的时候也需要这么多的理由。理由的生产者"理性"是昂贵而奢侈的,最主要还是——缓慢的。乔纳森·戴维·海特(Jonathan David Haidt)通过实证明确指出,"道德推理通常只是一种事后的建构(a post hoc construction),产生于已经达成的判断之后"[①]。他据此提出了与"理性模型"(rationalist models)对立的、一个富有解释力和生命力的"社会直觉模型"(social intuitionist model)来替代传统滥用理性的模型;"社会直觉模型"强调社会和文化影响而不再强调个体的"理性"推理;其事实基础在于,道德判断基于快速、自动化的评价(quick, automatic evaluations)——"道德直觉"。

在许多道德判断和责任归因过程中,理性的作用都是将我们的行为"合理化";有时这个信念如此顽强以至于我们一不小心就把自己也给说服了。这或许有点危险:威廉姆·詹姆斯警告,"许多人以为他们在思考,他们其实只是在重置(rearranging)偏见而已"。然而在社会化的情境中,即便是偏见也需要"合理化"——理性就是干这个活儿的。由此,我们最终形成了关于责任归因和道德判断的"理性主导"观念。

---

① Haidt J. "The emotional dog and its rational tail: a social intuitionist approach to moral judgment", *Psychological review*, vol. 108, 2001(4), p. 814.

事实上，诸多道德判断以及与之"捆绑"的责任归因都只是遵从"解释逻辑"的"事后建构"。由于我们是"理性人"，因此，我们通常会在脱离了特定"行动者"角色定位、进行"旁观者"式的思考——特别是哲学性反思时，会有一种"理性取向"——我们要求对道德行为、责任归因的"解释"符合理性、可以辩护。

然而，这种"事后的理由"远非"行事的原因"！尽管有的时候二者有所联系，很多时候它们却没什么关系。真实的"行事的原因"即"行动的逻辑"值得探寻，它并不像"事后的理由"所解释的那样"简单"。这里需要注意的是，"行动的逻辑"并非都是"有意"的，但常常与"解释的逻辑"不同。就目的而言，二者差异在于，"解释的逻辑"是用于"自我辩护""达成一致"或者"说服对方"的，"只有在后来我们必须对自己的道德观点进行解释，我们才会抓住推理这根救命稻草，从而让我们相信自己的判断都是来自于理性推理的结果"。[①] 实际上，道德推理的重要性很有限——至少对当时正在进行某一行动的行动者而言，它并不重要。约书亚·格林（Joshua Greene）和乔纳森·戴维·海特（Jonathan David Haidt）等指出，"道德推理重要，但它只在人们试图影响他人、与朋友或陌生人达成共识的社会情境（social context）中才重要"；"情感和理性（的推理——笔者注）都重要，但是自动化的情感机制似乎起主导作用"。[②] 换言之，在有关责任归因和道德推理的问题上，很多时候人们心中早已有了答案，只是缺少一个"正当性辩护"，缺少一个说服别人、"上得来台面"的理由而已。这个"上得来台面"的理由对当时的"行动"而言，很大程度上是多余的——不加引号的"多余"。劳伦斯·科尔伯格（Lawrence Kohlberg）基于"纯粹理性"假设写就的责任归因和道德判断的皇皇巨著《道德发展心理学》（同时的确也是体量巨大的著作，我花了整整两个月的时间来研读）可能忽视了一个关键的因素——"行动"本身。这导致他的理论相当程度上都只遵循了一种"解释的逻辑"而系统地疏离了"行动的逻辑"；此种巨大的视角疏漏不禁令人为他感到遗憾。尽管他的遗憾很大程度上要归因于历史的局限、工具的制约：我们每个人都是历史的剧中人，

---

① Haidt J. "The emotional dog and its rational tail: a social intuitionist approach to moral judgment", *Psychological review*, vol. 108, 2001(4), pp. 814-834.

② Greene J, Haidt J. "How (and where) does moral judgment work?", *Trends in cognitive sciences*, vol. 6, 2002(12), pp. 517-523.

尽管我们同时也都是历史的剧作者;但"剧中人"的历史现实会限制我们作为剧作者的想象空间——超越当代历史和当代人类理解力太远的想象总是被视为空想和瞎想,而相应的"剧作者"则会被所处时代视为疯子或傻子,饱受误解备受歧视——往往又被后来的时代奉为先知。劳伦斯·科尔伯格的遗憾在于,他误以为我们所进行的"真诚的解释"真的就是行动的"原因";事实上那不过是解释/搪塞/掩盖的"理由"而已。原因只有一个,理由至少有一万个——如果关心"理由",你将有万分之一的概率接近真相。克里斯·霍奈尔(Chris Horner)和埃默里斯·为斯科特(Emrys Westacott)也指出,原因用于"解释"而理由用于"辩护":"我们的行为和信念也许可以通过确定它们的原因而得以解释;但是它们却不能以这种方式得到辩护。只有理由可以辩护,并且只有理由才被视为具有合法说服力的东西。"——我们共同接纳了这样一个"辩护的人设",却忽略了"解释的人设"。哲学家热衷于正儿八经地在纸上讨论"理由"——这种探寻真相的方式本身已经部分地拒绝了真相。他们却忘记了驱动行动的是"原因"——哪怕是"上不来台面的原因"。在一般的"伦理学"中这或许可以被谅解,然而在责任归因或道德判断的"伦理学"中实在不容忽视。

"行动的逻辑"则远非如此,它更多的是"道德情绪的自发反应"——"与其说道德情绪是个体通过严密的逻辑规则所得出的深思熟虑的决策结果,还不如说它的产生是一个快速的、自动化的过程。"[1]可见,道德情绪属于"行动的逻辑"而非"解释的逻辑"。不难发现,在此前诸多哲学研究中以及人们的"常识"里,二者经常被混为一谈。作为"行动的逻辑","道德情绪就好像'义务装置(commitment devices)',它能够促进个体的亲社会行为,对受害者给予补偿,去惩罚欺骗者,并且向他人表明自己是一个值得信赖的合作联盟对象"。[2] 这是作为"行动的逻辑"之"道德情绪"的一般功能。每一种具体的道德情绪(这些道德情绪具体包括:厌恶感(repulsion)、反感(disgust)、愤怒(anger)、困窘(embarrassment)、羞愧(shame)、内疚(guilt)、轻蔑(contempt)、同情(sympathy)、感激(gratitude)等)"似乎都适

---

① [美]D. M. 巴斯著:《进化心理学》,熊哲宏、张勇、晏倩译,上海:华东师范大学出版社,2007年版,第 439 页。

② [美]D. M. 巴斯著:《进化心理学》,熊哲宏、张勇、晏倩译,上海:华东师范大学出版社,2007年版,第 439 页。

合于某一种特殊的行为",此种"行动的逻辑"主要用于解决三大类适应性问题：(1)尊重权威；(2)渴望公正；(3)促进关心的进化。所以，哲学家最好不要忘记进化生物学家巴斯的忠告："照现在的情况看来，我们对道德的研究根本不可能脱离那些它进化来所要解决的社会性的适应性问题。"①也就是说，"道德"实际上与我们的进化密切相关，人类"道德"的"生物性"可能不亚于其"社会性"。

有趣的是，在这个过程中我们会很容易地相信自己建构的"解释的逻辑"——这是某种程度的"自我欺骗"。既然已经在弓箭的落点处立起了靶子，现在只需昭告天下：我们原本就打算射这个位置好了。对此，丹尼尔·卡尼曼(Daniel Kahneman)评论道："当人们相信某个结论是正确的时候，他们很可能会相信支持这个结论的论证，哪怕这些论证不正确。"②因为说到底"解释"需要的只是"论证的形式"而已，是"合理化"的基础要素。

将"行动的逻辑"与"解释的逻辑"二者的差异以表格形式呈现，如下。

行动的逻辑与解释的逻辑

	行动的逻辑	解释的逻辑
主要驱动力	情感(主要)、理性	理性
特　　点	迅速、特化	缓慢、一般化
主要功能	(提高个体适应度)促进个体的亲社会行为，对受害者给予补偿，去惩罚欺骗者，并且向他人表明自己是一个值得信赖的合作联盟对象	(提高个体社会评价或降低他人社会声誉)提供道德行为的合理化解释，对自己和他人的行为进行辩护、说服或批判，达成主体间一致性
生物基础和主要因素	遗传相关度、系统 1	逻辑推理和社会伦理、系统 2

当"说服"或"批判"他人时，"可信"的结构如下：

可信的结论＝可接受的某一共同前提＋明确的论点＋清晰的论证

---

① [美]D. M. 巴斯著：《进化心理学》，熊哲宏、张勇、晏倩译，上海：华东师范大学出版社，2007年版，第 439-440 页。解决此三大问题亦是巴斯之观点。

② [美]丹尼尔·卡尼曼著：《思考，快与慢》，胡晓姣、李爱民、何梦莹译，北京：中信出版社，2012 年版，第 29 页。

作为"解释的逻辑",至少形式上需要满足这一要求。然而,如果仅仅是要"说服"自己,那标准会宽松许多:

可信的结论＝我的论点/与我符合的论点＋形式上可接受的论证

一般而言,自我说服是比较容易的,只要有一个理由就好——哪怕这个理由只是个毫不相干的替代;我们也不会对自己较真。说服别人会困难一些,我们需要应对不停的追问,偶尔也会"理屈词穷"。为什么我们会轻易地相信一个可能漏洞百出的论证?原因在于,"直觉性思维"经常让我们在证据不足的情况下过早下结论,这属于一种"眼见即为事实"("what you see is all there is",WYSIATI)的认知模式:"寻找连贯性的系统 1 和懒惰的系统 2 相结合,意味着系统 2 将会赞同许多直觉性的信念,而这些信念又准确地反映了系统 1 产生的印象。"①

8.3　理性的"失效"与"复活"

在前面的论述中,我们似乎强烈地暗示了这样一个观点:道德判断和责任归因过程中,理性失效了。

"理性失效"的论据看起来是充足的,特别是在"高级认知活动"所涉及的"问题解决"和"不确定条件下的判断"中。例如"基率谬误"(base-rate fallacy)——"当面对非常有说服力的个体信息时,人们总是倾向于忽略基率信息";或者"合取谬误"(conjunction fallacy)——对象具有某一特征的概率肯定大于等于(≥)对象具有双重特征(包括前述"某一特征"在内)的概率,"因为合取事件的可能性不可能超过每个单独事件的可能性";然而实际中人们却经常认为合取事件的概率大于单一事件!

这样看来,人类的逻辑似乎很糟糕,架构在逻辑基础上的"理性"有时也难免"笨拙"。

不妨看一下具体的例子——这有助于我们获得一种必要的直观。

---

① ［美］丹尼尔·卡尼曼著:《思考,快与慢》,胡晓姣、李爱民、何梦莹译,北京:中信出版社,2012 年版。

[基率谬误]①汤姆是你们国家一所著名院校的研究生。请预测汤姆就读于以下 9 个专业的概率，并进行排序。1 表示最有可能就读的专业，9 表示最不可能就读的。

> 工商管理
> 计算机科学
> 工程学
> 人文与教育
> 法学
> 医学
> 图书馆学
> 自然科学与生命科学
> 社会科学与社会工作

问题并不难，通常人们会根据各个专业不同的招生规模来进行排序。"汤姆是从这所大学里随机挑选出来的一名研究生，好比从罐子里随意拿出来的一个弹球一样。想要知道这个弹球是红色的还是绿色的，你必须清楚罐子里两种颜色的弹球各有多少。……在没有其他信息可供参考时，采取基础比率的方法最容易。"

接下来，有趣的来了。这是一位心理学家通过一系列心理测试对汤姆的"大体推断"：

尽管缺乏创造力，但汤姆智商很高。他喜欢按部就班的简单生活，喜欢干净整洁的环境，屋子里的物件要摆放得规规矩矩。他写的文章枯燥，偶尔会写一些老掉牙的双关语，或者迸发出类似科幻小说的火花，文章还显得有那么点生动。他颇具竞争意识。此外，汤姆待人冷淡，缺乏同情心，也不愿与他人接触。尽管他总是以自我为中心，却有强烈的道德观念。（"汤姆被刻意设计成了'反基础比率'的角色，适合于人数少的专业，不适合人数多的专业。"）

接下来，被试需要在纸上对汤姆与某个专业典型学生的相似度进行排序，"1"表示最相像的专业，"9"表示最不像的专业。114 名心理学研究生对

---

① ［美］丹尼尔·卡尼曼著：《思考，快与慢》，胡晓姣、李爱民、何梦莹译，上海：中信出版社，2012 年版，第 127-129 页版。

"汤姆与某个专业学生相似度"排序的平均结果是：1.计算机科学；2.工程学；3.工商管理；4.自然科学与生命科学；5.图书馆学；6.法学；7.医学；8.人文与教育；9.社会科学和社会工作。原因在于，"在回答时受试者就置换了问题"。具体的分析在"合取谬误"之后进行。

[合取谬误]① 如果我告诉你，Linda 穿了一件扎染的衬衣，带着一个徽章，徽章上面写着"男人都是王八蛋"，而且她总是试图将办公室里的女性组织起来，那么，下面哪种情况的可能性更大：(A)Linda 是一个银行出纳员；(B)Linda 是一个女权主义的银行出纳员。

结果，跟你的想法相似——大部分人认为选项 B 的可能性更大。（实际上，当有答案 B 存在的时候，我们会发现，选 A 真的"很蠢"。）

这两类著名谬误通常被视为人类理性"失效"的典型触发物，我认为可称之为"非理性的引信"。

然而，事情真的这么简单吗？

最好还是把逻辑推理视为人类的一个还在进化形成中的适应器（Adaptation），先去理解它的工作原理比我们急于论断要合适。

现在我们来看一下他们——做出"非理性判断"的人们的"理由"：

	直接（一阶）合理性	间接（二阶）合理性
基率谬误	我们擅长聚合信息（"系统 1 能察觉简单的关系，还擅长整合关于一件事的所有信息"②）；有必要把已知有意义的信息整合进特定对象中去（不把明摆着的信息整合进去会显得非常愚蠢！）	(1)我们的"合理性"是具体而非抽象的；其适用范围主要为具体问题、具体对象。除了逻辑理性还存在"生态理性"（ecological rationality）。人类的认知及其规律是特定环境下的认知和规律，我们的行为尽管不尽符合"逻辑结构"，却可能符合"生态结构"（ecological structure）、满足"生态理性"。

---

① ［美］D. M. 巴斯著，《进化心理学》，熊哲宏、张勇、晏倩译，上海：华东师范大学出版社，2007年版，第 425 页。

② ［美］丹尼尔·卡尼曼著：《思考，快与慢》，胡晓姣、李爱民、何梦莹译. 北京：中信出版社，2012 年版，第 130 页。

续表

直接(一阶)合理性	间接(二阶)合理性
	(2)人类的多数决策是"有限理性"的:"与完全理性相比,生态理性虽然是一种程度较低的理性,但人类的时间、经验、精力、能力等很有限,而且人类又面临着复杂的环境,所以在判断与决策时应以生态理性作为评判标准,即以具体情境下决策的结果与环境信息结构的适配性或对应性作为决策合理性的标准。"①
	(3)"逻辑"是为具体判断服务的,而"人类并没有进化出用于解决抽象逻辑问题的机制"②
	(4)"输入系统传输的是特别有用的信息,而不是明了的真理"③;我们需要将"特别有用的信息"整合、利用起来。
	(5)"在我们人类身上进化形成的,正是以代价和收益来对交换的事物进行表征的一般能力,而不是和特别的事物联系在一起的特殊能力。"④
	(6)人类的认知和能力是"有目的"的! 重要目的即为:与环境相适应。
	(7)人类只能较好利用特定类型的信息:"只要基率信息以适合于人类认知机制的加工方式(输入信息)呈现给被试,被试在作判断的时候就不会忽略基率信息。"

---

① 陈银飞:《判断与决策过程中的生态理性与社会理性》,《现代管理科学》,2006 年第 9 期,第 38-39 页。

② Cosmides L,Tooby J. "Cognitive adaptations for social exchange",*The adapted mind*,1992,pp. 163-228.

③ [美]J. A. 福多:《心理模块性》,李丽译,上海:华东师范大学出版社,2002 年版,第 43 页。

④ [美]D. M. 巴斯著:《进化心理学》,熊哲宏、张勇、晏倩译,上海:华东师范大学出版社,2007 年版,第 298 页。

续表

	直接(一阶)合理性	间接(二阶)合理性
合取谬误	对人类有效社交上限(150人的"邓巴数字")而言这是非常有效的一种概率推理;远古人类的生活群落为50—100人,对这样的群落来说提取特征的"典型性"比提取比率更有效	(1)我们的"合理性"是具体而非抽象的;其适用范围通常为具体问题、具体对象。 (2)所有有意义的判断都必须将有价值的信息整合起来以利决策,"银行出纳员"作为背景信息而"女权主义的"则是关键信息(这类关键信息对我们的生存和适应颇为"关键")例如,对男性而言这意味着"此人可能比普通女性更容易感到被冒犯"(——实际上则仅仅是"此人更加注重女性合法权利的保障"),我们会根据此关键信息调整自己的策略和行动(例如同样采取一种女权主义的态度以争取其价值认同,或者不采取此种态度而远离此人,等等)。 (3)令 C＝"Linda 一个银行出纳员",令 D＝"Linda 是一个女权主义的人"[①],在足够多的特征["扎染的衬衣"、仇视男性("男人都是王八蛋")]面前,有相当充分理由认为 $P(D) \approx 1$ <div align=center>$\because P(D) \approx 1$</div>$\therefore P(C \cdot D) = P(C) * P(D) = P(C) * 1 = P(C)$,由于逻辑上合理且承载了更多关键信息,较之单独的(D),整合了更多关键信息的(C·D)即"Linda 是一个女权主义的出纳员"为优选项。

---

① 这里的"事件"从 C、D 开始标示是为了与作为选项的(A)、(B)区分开来。

续表

	直接（一阶）合理性	间接（二阶）合理性
		（4）"逻辑"是为具体判断服务的，"人类并没有进化出用于解决抽象逻辑问题的机制"①。 （5）公众的"常识知识论"会促使人们寻求可见的、直接的联系，即使这种联系可能是过度和不恰当的。

上述图表解释了人们"愚蠢"的合理性，我们局部的"愚蠢"显然有助于全局更大的"聪明"的实现。基率谬误与合取谬误表明，人们对于发现事物之间的"联系"具有某种偏好；换言之，人们并没有平等地对待各种"联系"。

事实上，答题者往往试图在问题解决（problem solving）的过程中发现一些"创造性的联系"。以沃森选择任务（Wason Selection Task，或作"华生选择任务"）为例，面对四张卡片，为了检验规则"如果卡片的一面是元音字母，那么另一面是偶数"，你需要翻看哪些卡片？人们往往会选择翻看一张卡片（a）或者两张（a，2）；翻看"2"的卡片尽管对我们检验此规则并无帮助，但是被试却可能由于"难以遏制的好奇心"而去翻看它——在一次非正式实验中，我的一位被试这样讲，"如果2的背面是元音字母，那么这会是对规则的确认！"被试们似乎把游戏规则简化为了一组联系：元音字母↔偶数，这显然是更简单的一种做法（尽管不正确）。在此过程中，人们可能具有一种证实偏见（confirmation bias）："被试可能遵循一种非演绎的检查卡片策略，即他们对所规定的关系的普遍性进行证实而不是证伪。这种策略可能会导致错误的结果，然而在人们的实际学习与决策中非常有效。因为从技术上讲，证实比证伪更简单。"②在这个问题中，被试同时也用到了"可得性替代"，用"证实的反馈"替代了"证伪"；是在采用"转换"的方式解决规定的问题（"检

---

① Cosmides L，"Tooby J. Cognitive adaptations for social exchange"，*The adapted mind*，1992，pp.163-228.

② 傅庆芳：《推理能力与逻辑规则——"沃森选择任务"论争的辨析》，《自然辩证法研究》，2005年第8期，第30页。当然我们知道，"证实"并不比"证伪"容易，而是"证实的符合"比"证伪"容易，即，"哎，这个好像符合规则呢"，发现一例符合规则就得到了一次"确认"，尽管这对于严格"证实"一个全称逻辑命题毫无意义，但对生物体显然是有价值的。

验规则'如果卡片的一面是元音字母,那么另一面是偶数'"是否成立)。

因此,事实上,"原因"与"理由"以及两种逻辑之间的冲突,在这里得到了初步的重构与弥合。一方面,"行动的逻辑"的确不同于"解释的逻辑",其各自的动力、目标以及生物学基础不尽相同,分别对应于道德行为的"原因"与"理由";另一方面,逻辑理性与生态理性对于人类的道德判断与责任归因同等重要,特别是"生态理性"所带来的"适应价值"应该得到足够的重视,这对于哲学家完善道德行动和道德推理的哲学图景不无裨益。

9 哲学方法论的反思

9.1 多样性焦虑

对哲学家而言,不能统一的痛苦是无法忍受的;哲学家中普遍存在"多样性焦虑"——一种过度追求统一的强迫症。(在这里,我们不打算将哲学家的"多样性焦虑"与"多样性恐惧"进行区分,而统称为"Diversphobia"。事实上,对于直觉的多样性,哲学家们既焦虑,又恐惧。)"多样性"在许多哲学家眼里也许就相当于"特设性假说",是完美的理论所无法容忍的。"可变性"恐怕也不行,很少有哲学家能够容忍"可变性"的存在,因为这暗示着,不,明示了"多样性"。这也是许多哲学争论的根源所在,包括类型各异的责任归因理论。问题在于,现实就是如此。我们只能依据真实的人类思维和认知过程来修正假设的理论,而非相反。具体到直觉层面,如果直觉地方化或者其更极端的例子——"直觉个体化"被证实了,那恐怕会引起严重的"哲学危机"。

现实再度站到了想象的对立面。可以参考不兼容主义是否直观的自由意志实验,结果却是这样的:"即使是被决定的,但每个人都可以是自由和负责任的。"[①]这是对传统道德哲学判断的根本挑衅。由于"哲学人"与公众共享相同的道德,对公众的判断进行一种情绪化的否定恐怕不够明智。是不是应该开一剂药,治一治哲学人这种没什么明显益处的"过度追求统一的强

---

① Nahmias E, Morris G, Nadelhoffer T, & Turner J. "Is incompatibilism intuitive?", *Philosophy and Phenomenological Research*, vol. 73, 2006(1), p. 34.

迫症"呢？

(1)"认识别人！"

以及

(2)"认识这个世界！"

这是我尝试着开出的两味药——不是两剂,因为经典的药方"认识你自己！"独药难撑,实在太需要君臣佐使。由于哲学人的世界里只有"哲学标准人"(PSP),未免单调和枯燥了点。所以,"认清"和悦纳这个多样而多彩的世界——特别是那些跟我们不一样的人和跟我们想象不一致的部分,不也是很好的吗?

9.2 作为广义经验科学的"爱智之学"

如果前述讨论大体得以成立的话,我们或许缺乏一个必要的反省:

哲学真的是"爱智之学"吗?

如果回答是"是",那么,哲学就不应该拒绝任何一种有利于哲学家更便捷有效地去"爱智求真"的方案。

哲学真的是一门善于反思的学问吗?

如果回答是"是",那么哲学为什么甚少对自己赖以"反思"的直觉工具本身进行根本性的反思? ——我的意思是说,追问"哲学家的反思真的是反思吗? 哲学家的反思靠谱吗"这两个问题? 看起来哲学并不(或者甚少)反思自身,也并不(或者甚少)反思自己赖以进行反思的工具——哲学家直觉。这样看来,哲学所谓的"反思"其实是二阶的、对象性的! ——"不够深刻"。

其次,我要问:

哲学真的是公正无偏见的吗?

事实上,哲学家反思所得的"内省报告"同样也具有"理论负载",因为任何一个哲学家必定持有这样或那样的理论——没有理论的哲学家不成其为哲学家——哲学家普遍承认,任何一种理论负载的报告都没有免于偏见的特权。(事实上,"事实负载价值"之类的"负载"正源于哲学家普特南的发现。)问题在于,哲学家自己很少意识到这一"负载",他们并不认为自己也戴着难以摘掉的"理论"的有色眼镜来观察这个世界。如果意识到了这一负载的存在，就不难接受——至少是理解公众对其直觉特权的质疑、对其"代议民意"的愤怒了。

进一步地：

哲学可以是一种经验科学吗？

欧内斯特·索萨提出了一个非常好的、"重要却没有被触及"的问题："知觉享有相对于经验科学的证据地位，直觉可以享有类似的相对于哲学的证据地位吗？"他继而关心："作为基础的先天论证（priori justification）一个来源，直觉是否可以被清楚地理解并充分地捍卫。"[①]简言之，"直觉"可以作为哲学的证据吗？如果我们将哲学视为广义"观察领域"的一部分，那么，某种客观性的达成是必要的。将哲学视为一种广义的观察领域，视为"广义经验科学"的一部分，或许是一个不错的选项？例如，约书亚·格林（Joshua Green）等通过经验发现，人类的道德考量并非单一的"一种过程"，而是至少两种不同类型的机制相互作用的产物。[②] 通过实证，他澄清了由于事实混淆而引起的"哲学问题"。进而，"直觉"及"自省"将作为经验证据，作为采样方式和数据来源，而不是作为可靠性在论证之前就已经得到保证、无须也不容置疑的"公理"——这未免太奇怪了！哲学从此开始"讲道理"——讲证据而不再"比嗓门"，似乎也不错？

如果这样，尽管依然面临着诸多重要而且有待解决的问题，哲学家们却可以说，终于可以睡个好觉了——真的问题，迟早将被解决。这次要解决的，可不只是"原因、理由与解释"这么具体的问题。我们将有望开启一扇新的哲学大门——可能发现一座金碧辉煌的宫殿、摘取璀璨夺目的明珠，不过在此之前可能要先面对一片凶险无比的沼泽、陷入难以脱身的泥淖。

谁知道呢？——可怜这难以遏制的好奇心。

---

① Sosa E. "Experimental philosophy and philosophical intuition"，*Philosophical Studies*，vol. 132，2007(1)，p. 106.

② Joshua G, Jonathan H. "How (and where) does moral judgment work?"，*Trends i cnognitive sciences*，vol. 6，2002(12)，pp. 517-523.

参考文献

[1] [英]A.卡米洛夫—史密斯.超越模块性[M].缪小春,译.上海:华东师范大学出版社,2001.

[2] [匈牙利]阿格妮丝·赫勒.道德哲学[M].王秀敏,译.北京:北京大学出版社,2003.

[3] [美]保罗·C.科兹比,斯科特·C.贝茨.心理与行为科学研究方法[M].张彤,译.北京:机械工业出版社,2014.

[4] 曹凤月.解读"道德责任"[J].道德与文明,2007,02:84-87.

[5] 陈效宏.对中学生问题行为责任归因的实证研究[D].上海:上海师范大学,2006.

[6] 陈晓平.休谟问题评析——兼评"归纳问题"与"因果问题"之争[J].学术研究,2003,(01):20-26.

[7] [英]大卫·布鲁尔.知识和社会意向[M].霍桂恒,译.北京:中国人民大学出版社,2014.

[8] [英]大卫·休谟.人性论[M].石碧球,译.北京:中国社会科学出版社,2009.

[9] [美]D.M.巴斯.进化心理学[M].熊哲宏,张勇,晏倩,译.上海:华东师范大学出版社,2007.

[10] [美]丹·艾瑞里.怪诞行为学2:非理性的积极力量[M].赵德亮,译.北京:中信出版社,2010.

[11] [美]丹尼尔·卡尼曼.思考,快与慢[M].胡晓姣,李爱民,何梦莹,译.北京:中信出版社,2012.

[12] 底特·本巴赫尔.责任的哲学基础[J].齐鲁学刊,2005(04):

127-133.

[13] [美]E.阿伦森.社会性动物[M].邢占军,译.缪小春,审校.上海：华东师范大学出版社,2007.

[14] 方学梅,刘永芳.从归因视角探讨组织公正感产生机制[J].心理科学,2008(01):200-204.

[15] [英]弗兰西斯·哈奇森.道德哲学体系·上[M].江畅,舒红跃,宋伟,译.杭州:浙江大学出版社,2010.

[16] 傅庆芳.推理能力与逻辑规则——"沃森选择任务"论争的辨析[J].自然辩证法研究,2005(08):29-32.

[17] 高湘泽.道德责任的负责和免责条件——评当代西方两种道德责任归因理论[J].中国人民大学学报,2005(04):47-53.

[18] 郭喨.物种民主:对人类中心主义环境哲学方案的超越[J].科学技术哲学研究,2015,32(03):67-72.

[19] 郭喨,盛晓明.新工具与实验哲学的未来[J].自然辩证法研究,2014,30(07):9-14.

[20] 郭喨,盛晓明.哲学家直觉的构造及其正当性反思[J].科学技术哲学研究,2016,33(05):42-49.

[21] 韩晶晶.信息框架与行为主体:气候变化信息对效能和责任归因的影响研究[D].复旦大学,2013.

[22] 何新汉.资源两难博弈中人际评价、责任归因及负性情绪的研究[D].浙江大学,2006.

[23] [美]J.A.福多.心理模块性[M].李丽译,上海:华东师范大学出版社,2002.

[24] 季丹,谢耘耕.危机情景下企业响应策略对公众责任归因影响的实证研究[J].上海交通大学学报(哲学社会科学版),2013(02):70-78.

[25] 姬旺华,张兰鸽,寇彧.公正世界信念对大学生助人意愿的影响:责任归因和帮助代价的作用[J].心理发展与教育,2014(05):496-503.

[26] 况志华,叶浩生.自我责任归因与推断的心理结构与特征[J].应用心理学,2009(04):347-355.

[27] 况志华.基于日常经验取向的责任心理结构研究[J].心理科学,
2012(02):430-435.

[28] [美]L.科尔伯格.道德发展心理学——道德阶段的本质与确证
[M].郭本禹,何谨,黄小丹等,译.上海:华东师范大学出版
社,2004.

[29] 雷传平.道德运气研究[M].广州:中山大学出版社,2016.

[30] 李安.青少年的攻击行为与责任归因[J].青少年犯罪问题,2005
(03):25-28+19.

[31] 李安.工读生冲突责任判断与攻击行为的内隐社会认知研究[D].
浙江大学,2002.

[32] 李红霞.选择可能性原则和法兰克福式的反例[J].国外社会科
学,2003(1):60-65.

[33] 郦全民.实验哲学的兴起和走向[J].哲学分析,2011(1):
175-180.

[34] 李然.温度在消费者企业社会责任归因中的作用研究[D].南京大
学,2014.

[35] 李卫东,江华东,黄丹虹.基于扎根理论的消费者责任归因认知偏
见研究[J].商业研究,2012(03):1-8.

[36] 李玉萍,周庭锐.产品伤害危机中消费者责任归因的影响研究
[J].西安电子科技大学学报(社会科学版),2014(03):16-21.

[37] 廖备水,黄华新.不一致问题与论辩逻辑[J].学术月刊,2013,45
(6):64-69.

[38] 刘永芳,Gerd Gigerenzer,Peter M. Todd. 快速节俭启发式——
基于有限理性和生态理性的简单决策规则[J]. 心理科学,2003
(01):56-59.

[39] 卢东,Samart Powpaka,寇燕.基于消费者视角的企业社会责任归
因[J].管理学报,2010(06):861-867.

[40] [新西兰]罗莎琳德·赫斯特豪斯.美德伦理学[M].李义天,译.
南京:译林出版社,2016.

[41] 卢妤.不可辩解型产品伤害危机应对方式对顾客购买意愿的影响
研究[D].上海外国语大学,2012.

[42] 马俊华.小学生对错误行为的归因倾向与责任归因过程[D].华中师范大学,2009.

[43] [英]马特·里德利.美德的起源:人类本能与协作的进化[M].吴礼敬,译.北京:机械工业出版社,2015.

[44] 梅亮,陈劲.责任式创新:源起、归因解析与理论框架[J].管理世界,2015(08):39-57.

[45] [德]诺博托·霍尔斯特(Norbert Hoerster)何为道德:一本哲学导论[M].董璐,译.北京:北京大学出版社,2014.

[46] 杜晓晓,郑全全.诺布效应及其理论解释[J].心理科学进展,2010(1):91-96.

[47] [德]朋霍费尔.伦理学[M].胡其鼎,译.上海:上海人民出版社,2007.

[48] 任意.青少年虚拟社区中的责任推断——以"大型多玩家网络游戏"(MMOG)为例[J].上海青年管理干部学院学报,2009(02):62-64.

[49] [美]斯图尔特·格尔茨,李红霞.选择可能性原则和法兰克福式的反例[J].国外社会科学,2003(01):60.

[50] 苏珊·哈克,邓晓霞.专家证据:美国的经验与教训[J].证据科学,2016(03):334-351.

[51] 索涛,冯廷勇,顾本柏,王会丽,李红.责任归因对"做效应"的调控及其ERP证据[J].心理学报,2011(12):1430-1440.

[52] 唐紫莹.青少年对网络暴力行为的责任归因研究[D].南京师范大学,2012.

[53] 唐乐琴.重复决策中责任归因对后悔规避行为的影响[D].宁波大学,2013.

[54] 陶金花,朱键军,程灶火.大学生对见危不救行为的责任归因[J].中国临床心理学杂志,2014(06):1103-1106.

[55] [美]托马斯·库恩.科学革命的结构[M].金吾伦,胡新和,译.北京:北京大学出版社,2003.

[56] 万俊人.现代西方伦理学史(上卷)[M].北京:北京大学出版社,1991.

[57] 王怀勇,刘永芳.责任归因对公平感与情感承诺关系的调节作用研究[J].心理科学,2012(05):1202-1206.

[58] 王群会,龚群.道德责任归因中的自主性问题[J].天津社会科学,2009(04):43-46.

[59] 王茹,石志远,程乐森.人际关系与角色类型对归因过程及情感变化的影响[J].中国健康心理学杂志,2014(12):1824-1827.

[60] 王水珍.惩罚公平判断及其责任归因研究[D].华中师范大学,2003.

[61] 王水珍,张爱卿.行为责任归因与处罚公平性、严格判断的关系[J].心理科学,2005(05):1156-1158+1147.

[62] 汪兴东.产品伤害危机中顾客情绪反应及行为意向形成机制研究[D].华中科技大学,2013.

[63] 吴碧琴.情景条件、决策过程对作为/不作为后悔的影响[D].浙江理工大学,2011.

[64] 吴娅雄.不同产品伤害危机情景中原有良好企业声誉的作用研究[D].西南交通大学,2014.

[65] 夏勉,江光荣.个人责任归因对心理求助行为的影响[J].中国临床心理学杂志,2007(02):217-219+222.

[66] 邢宽,姚本先.大学生宿舍人际冲突的责任推断研究[J].心理研究,2008(05):76-79.

[67] 徐向东.后果主义与义务论[C].杭州:浙江大学出版社,2011.

[68] 徐向东.自由意志与道德责任[C].南京:江苏人民出版社,2006.

[69] [英]西蒙·布莱克波恩.牛津哲学词典[M].上海:上海外语教学出版社,2000.

[70] [英]休谟:人性论·下册[M].关文运,译.郑之骧,校.北京:商务印书馆,2010.

[71] [英]亚当·弗格森.道德哲学原理[M].孙飞宇,田耕,译.上海:上海人民出版社,2005.

[72] [英]克里斯·霍奈尔,[美]埃默里斯·韦斯科特.哲学是什么[M].北京:中国人民大学出版社,2010.

[73] 叶航、陈叶烽、贾拥民,等.超越经济人[M].北京:高等教育出版

社,2013.

[74] [美]约书亚·诺布,肖恩·尼克尔斯.实验哲学[M].厦门大学知识论与认知科学研究中心,译.上海:上海译文出版社,2013.

[75] 约书亚·亚历山大.实验哲学导论[M].楼巍,译.上海:上海译文出版社,2013.

[76] 张爱卿.人际归因与行为责任推断研究综述[J].心理与行为研究,2004(02):447-450.

[77] 张爱卿,刘华山.人际责任归因与助人意愿的关系[J].心理发展与教育,2002(04):1-5.

[78] 张爱卿,刘华山.人际责任推断与行为应对策略的归因分析[J].心理学报,2003(02):231-236.

[79] 张爱卿,刘华山.行为责任归因与批评程度的关系[J].心理发展与教育,2003(03):1-5.

[80] 张爱卿,刘华山.责任、情感及帮助行为的归因结构模型[J].心理学报,2003(04):535-540.

[81] 张爱卿,周方莲.责任归因与报复行为的结构方程模型研究[J].中国临床心理学杂志,2003(03):221-222.

[82] 张爱卿,周方莲,刘华山.责任归因、幸灾乐祸与帮助意愿的关系[J].心理科学,2004(01):220-222.

[83] 张爱卿,周方莲,张志学.大学生对不同途径感染艾滋病的责任推断[J].中国心理卫生杂志,2005(02):123-125.

[84] 张家龙.可能世界是什么?[J].哲学动态,2002(08):12-17.

[85] 张慧君,周立明,罗跃嘉.责任对后悔强度的影响:来自ERP的证据[J].心理学报,2009(05):457.

[86] 张蕾.刻板印象视角下的地域冲突、责任归因与个体态度——基于香港与广州青年群体的实证研究[J].暨南学报(哲学社会科学版),2016(05):59-67+130.

[87] 周方莲.大学生对一些典型社会污名的责任归因[D].华中师范大学,2003.

[88] 周方莲,张爱卿,方建移,李文霞.大学生对艾滋病患者的责任归因及惩戒行为反应[J].心理科学,2005(05):1216-1219.

［89］周昌乐. 逻辑悖论的语义动力学分析及其意义［J］. 北京大学学报（哲学社会科学版），2008（1）：70-79.

［90］周昌乐. 哲学实验：一种影响当代哲学走向的新方法［J］. 中国社会科学，2012（10）：30-46.

［91］Anderson C A. Attributional Style，Depression and Loneliness：Acrosscultural Comparison of American and Chinese Students. Personality and Social Psychology Bulletin，1999，25：482-499.

［92］Andre J. Nagel，Williams，and Moral Luck［J］. Analysis，1983，43（4）：202-207.

［93］Baron J，Ritov I. Reference Points and Omission Bias［J］. Organizational Behavior and Human Decision Processes，1994，59（3）：475-498.

［94］Bradley M M. Natural Selective Attention：Orienting and Emotion［J］. Psychophysiology，2009，46（1）：1-11.

［95］Brown W M，Moore C. Is Prospective Altruist-detection An Evolved Solution to the Adaptive Problem of Subtle Cheating in Cooperative Ventures? Supportive Evidence Using the Wason Selection Task［J］. Evolution and Human Behavior，2000，21（1）：25-37.

［96］Byrd J. Moral Responsibility and Omissions［J］. The Philosophical Quarterly，2007，57（226）：56-67.

［97］Daley D M. Attribution theory and the glass ceiling：Career development among federal employees［J］. International Journal of Organization Theory and Behavior，1998，1：93-116.

［98］Davidson D. Actions，reasons，and causes［J］. The journal of philosophy，1963，60（23）：685-700.

［99］Dunn L，Dahl D W. Self-threat and Product Failure：How Internal Attributions of Blame Affect Consumer Complaining Behavior［J］. Journal of Marketing Research，2012，49（5）：670-681.

［100］Eddy N，Stephen M，Thomas N，& Jason T. Is Incompatibilism Intuitive[A]//Knobe J，Nichols S. Experimental philosophy，New York：Oxford University Press，2008.

[101] Frankfurt H G. Alternate Possibilities and Moral Responsibility[J]. The Journal of Philosophy，1969，66(23)：829-839.

[102] Fischer J M. Responsibility and control[J]. The Journal of Philosophy，1982，79(1)：24-40.

[103] Fischer J M，Ravizza M. Responsibility and Inevitability[J]. Ethics，1991，101(2)：258-278.

[104] Gigerenzer G，Hug K. Domain-specific Reasoning：Social Contracts，Cheating，and Perspective Change[J]. Cognition，1992，43(2)：127-171.

[105] Goldstein D G，Gigerenzer G. Models of Ecological Rationality [J]. Psychological Review，2002，109(01)：75-90.

[106] Goodenough O R. Responsibility and Punishment Whose Mind A Response[J]. Phil. Trans. R. Soc. Lond. B，2004，359：1805-1809.

[107] Haidt J. The Emotional Dog and Its Rational Tail：A Social Intuitionist Approach to Moral Judgment[J]. Psychological Review，2001，108(4)：814-834.

[108] Joshua G，Jonathan H. "How (and where) does moral judgment work?"，Trends i cnognitive sciences，vol. 6，2002(12)，pp. 517-523.

[109] Joel P. "Intuition"，The Stanford Encyclopedia of Philosophy (Spring 2016 Edition)，Edward. Z(ed.)[EB/OL]. (2016-03-18) [2016-08-18]. http://plato. stanford. edu/archives/spr2016/entries/intuition/

[110] Klein J，Dawar N. Corporate Social Responsibility and Consumers' Attributions and Brand Evaluations in A Product-harm Crisis[J]. International Journal of Research in Marketing，2004，21(3)：203-217.

[111] Knobe J，Nichols S. An experimental philosophy manifesto

[A]//Knobe J, Nichols S. Experimental philosophy, New York: Oxford University Press, 2008.

[112] Knobe J. Intentional action in folk psychology: An experimental investigation[J]. Philosophical Psychology, 2003, 16(2): 309-324.

[113] Kühnen U, Oyserman D. Thinking about the Self Influences Thinking in General: Cognitive Consequences of Salient Self-concept[J]. Journal of Experimental Social Psychology, 2002, 38(5): 492-499.

[114] Jiang K, Xiong Z H. Different Contents Different Inductive Inference: Under the Conditions of Embrace-Advantage and Resist-Disadvantage [J]. Acta Psychologica Sinica, 2010, 42 (11): 1050-1059.

[115] Laufer D, Gillespie K. Differences in Consumer Attributions of Blame Between Men and Women: the Role of Perceived Vulnerability and Empathic Concern[J]. Psychology & Marketing, 2004, 21(2): 141-157.

[116] Laufer D, Gillespie K, Mcbride B, et al. The Role of Severity in Consumer Attributions of Blame: Defensive Attributions in Product-harm Crises in Mexico[J]. Journal of International Consumer Marketing, 2005, 17(2/3): 33-50.

[117] Levin J. Experimental philosophy[J]. Analysis, 2009, 69(4): 768.

[118] Li P, Jia S, Feng T, et al. The Influence of the Diffusion of Responsibility Effect on Outcome Evaluations: Electrophysiological Evidence from An ERP Study[J]. Neuroimage, 2010, 52(4): 1727-1733.

[119] Machery E, Mallon R. , Nichols S, & Stich P. (2004). Semantics, cross-cultural style[J]. Cognition, 92(3), B8.

[120] Nahmias E, Morris G, Nadelhoffer T, & Turner J. (2006). Is incompatibilism intuitive? [J]. Philosophy and Phenomenolog-

ical Research,73(1):28-53.

[121] Nickerson R S. Confirmation bias_ A Ubiquitous Phenomenon in Many Guises[J]. Review of General Psychology, 1998, 2 (2):175-220.

[122] Nisbett R. The Geography of Thought: How Asians and Westerners Think Differently and Why[M]. Simon and Schuster, 2010.

[123] Nisbett R E, Miyamoto Y. The Influence of Culture: Holistic Versus Analytic Perception[J]. Trends in Cognitive Sciences, 2005. 9(10):467-473.

[124] Nisbett E, Peng K, Choi I, & Norenzayan A. Culture and systems of thought: holistic versus analytic cognition [J]. Psychological review, 2001, 108(2):291-310.

[125] Öhman A, Flykt A, Esteves F. Emotion Drives Attention: Detecting the Snake in the Grass[J]. Journal of Experimental Psychology: General, 2001, 130(3):466-478.

[126] Poldrack R A. Can cognitive processes be inferred from neuroimaging data? [J]. Trends in cognitive sciences, 2006, 10(2): 59-63.

[127] Prinz J. Empirical philosophy and experimental philosophy [A]. //Experimental philosophy, New York: Oxford University Press, 2008.

[128] Rescher, Nicholas. "Luck." Proceedings and Addresses of the American Philosophical Association[J]. 1990, 64(03): 5-19. Doi: 10.2307/3130073.

[129] Searle J R. The future of philosophy[J]. Philosophical Transactions of the Royal Society of London. Series B: Biological Sciences, 1999, 354(1392): pp. 2069-2080.

[130] Shieber J. A partial defense of intuition on naturalist grounds [J]. Synthese, 2012, 187(2):321-341.

[131] Sosa E. Experimental philosophy and philosophical intuition

［J］. Philosophical Studies，2007，132(1)：99-107.

[132] Swain S，Alexander J，Weinberg M. The instability of philosophical intuitions：Running hot and cold on Truetemp ［J］. Philosophy and phenomenological research，2008，76（1）：138-155.

[133] Symons J. Intuition and philosophical methodology［J］. Axiomathes，2008，18(1)：67-89.

[134] Trivers R L. The Evolution of Reciprocal Altruism［J］. Quarterly Review of Biology，1971(01)：35-57.

[135] Walter S. Abstract + concrete = paradox ［A］//Knobe J，Nichols S. Experimental philosophy，New York：Oxford University Press，2008.

[136] W+einberg M，Nichols S，Stich S. Normativity and epistemic intuitions［J］. Philosophical topics，2001，29(1/2)：429-460.

[137] Weiner B. Intrapersonal and Interpersonal Theories of Motivation from An Attribution Perspective［J］. Student motivation，2001：17-30.

[138] Weiner B. An Attributional Theory of Achievement Motivation and Emotion［J］. Psychological Review，1985，92（4）：548-573.

[139] Weiner B. Judgments of responsibility：A Foundation for A Theory of Social Conduct［M］. Guilford Press，1995.

[140] Woolfolk R L，Doris J M，Darley J M. Identification，Situational Constraint，and Social Cognition：Studies in the Attribution of Moral Responsibility［J］. Cognition，2006，100(2)：283-301.

附　　录

责任归因问卷(正式测试版)

亲爱的同学:您好!

感谢您参与本次调查!本次调查大约需要占用您15分钟左右的时间,对您的配合我们深表感谢。认真答卷结束后,您将收到一个5元的红包以表谢意。

● 本问卷系匿名调查,我们将对您所提供的信息严格保密;事实上,您的个人信息并不是我们所关心的,我们也无法通过您填写的信息推断您的个人身份、行为偏好等隐私;因此,请放心据实作答。

● 答案无对错之分,请据实作答即可。非常感谢您的参与!

● 个别题目在手机上显示较长,请耐心阅读,谢谢!

以下这些以匿名方式呈现的信息对我们很重要,请如实填写。

1. 您的性别是:[单选题][必答题]

　　○ 男

　　○ 女

2. 您的年龄段(以周岁计,不计虚岁):[单选题][必答题]

　　○ 18岁及以下

　　○ 19～25岁

　　○ 26～30岁

　　○ 31～40岁

　　　　○ 41 岁及以上

3. 您的具体年龄是(以周岁计)：_____岁［填空题］［必答题］

4. 您的学校为：［单选题］［必答题］

　　　　○ 浙江外国语学院

　　　　○ 浙江大学城市学院

　　　　○ 浙江大学

　　　　○ 其他院校

5. 您现在的学历是：［单选题］［必答题］

　　　　○ 研究生或在读研究生

　　　　○ 本科生或在读本科生

　　　　○ 专科生或在读专科生

6. 您的大学专业大类是：［单选题］［必答题］

　　　　○ 文、史、哲、艺

　　　　○ 理、工、农、医

　　　　○ 其他学科

7. 您的高中专业大类是：［单选题］［必答题］

　　　　○ 理科　　　○ 文科

8. 您最近一年的月收入平均约为：_____元(人民币)

　　(包含父母所给的生活费、课余兼职收入等各项收入在内)［单选题］

　　［必答题］

　　　　○ 0～999 元

　　　　○ 1000～1999 元

　　　　○ 2000～3999 元

　　　　○ 4000～5999 元

　　　　○ 6000～＋∞元

人们发现,健身运动做得多的人,焦虑水平比较低。

9. 请问,"健身运动做得多"是"焦虑水平比较低"的原因吗?［单选题］

　　［必答题］

　　　　○ 是　　　　○ 不是

10. 如果是,"健身运动做得多"与"焦虑水平比较低"有多大程度的关联?

（数字即星星的个数越大，代表关联程度越大。数字"1"代表前者与后者完全没有关联，数字"4"代表后者一半的原因是前者，数字"7"代表完全的关联即前者是后者的唯一原因。）[单选题][必答题]

完全无关1　　○ 完全无关1　　○ 2　　○ 3　　○ 4　　○ 5　○ 6　　○ 7唯一原因　　　7唯一原因

今天下雨了，沪深股市一片红。（"红"指股票股价上涨）

11. 请问，"今天下雨了"与"沪深股市一片红"是否有关？[单选题][必答题]

○ 有关　　　　○ 无关

12. 如果有关，"今天下雨了"与"沪深股市一片红"有多大程度的关联？

（数字即星星的个数越大，代表关联程度越大。数字"1"代表前者与后者完全没有关联，数字"4"代表后者一半的原因是前者，数字"7"代表完全的关联即前者是后者的唯一原因。）[单选题][必答题]

完全无关1　　○ 完全无关1　　○ 2　　○ 3　　○ 4　　○ 5　○ 6　　○ 7唯一原因　　　7唯一原因

今天天晴了，沪深股市一片红。（"红"指股票股价上涨）

13. 请问，"今天天晴了"与"沪深股市一片红"是否有关？[单选题][必答题]

○ 有关　　　　○ 无关

14. 如果有关，"今天天晴了"与"沪深股市一片红"有多大程度的关联？

（数字即星星的个数越大，代表关联程度越大。数字"1"代表前者与后者完全没有关联，数字"4"代表后者一半的原因是前者，数字"7"代表完全的关联即前者是后者的唯一原因。）[单选题][必答题]

完全无关1　　○ 完全无关1　　○ 2　　○ 3　　○ 4　　○ 5　○ 6　　○ 7唯一原因　　　7唯一原因

人们发现，焦虑水平比较低的人，健身运动做得多。

15. 请问，"焦虑水平比较低"是"健身运动做得多"的原因吗？[单选题][必答题]

○ 是　　　　○ 不是

16. 如果是，"焦虑水平比较低"与"健身运动做得多"有多大程度的关联？

（数字即星星的个数越大，代表关联程度越大。数字"1"代表前者与后者完全没有关联，数字"4"代表后者一半的原因是前者，数字"7"代表完全的关联即前者是后者的唯一原因。）［单选题］［必答题］

完全无关1　○完全无关1　　○2　　○3　　○4　　○5　○6　　○7唯一原因　　7唯一原因

一位公司的副总裁到董事长面前，说："我们正在考虑开始一项新的计划。它将帮助我们增加利润，但它也会危害环境。"

董事长回答："我才不管什么危害环境。我只想获得尽可能多的利润。让我们开始这项计划吧。"

他们开始了这项新的计划，环境果然被破坏了。

17. 这位董事长是不是有意危害环境的？［单选题］［必答题］

　　○是的　　　　○不是

18. 如果是有意危害环境的，那么这位董事长应该为此负多大的责任？

（数字即星星的个数越大，代表所需要负的责任也越大。数字"1"代表不需要负任何责任，数字"4"代表需要负担中等（一半）的责任，数字"7"代表需要负全部的责任。）［单选题］［必答题］

不用负任何责任1　○不用负任何责任1　　○2　　○3　　○4　○5　　○6　　○7需要负全部责任　　7需要负全部责任

一位公司的副总裁到董事长面前，说："我们正在考虑开始一项新的计划。它将帮助我们增加利润，还会有益于环境。"

董事长回答："我才不管什么有益于环境。我只想获得尽可能多的利润。让我们开始这项计划吧。"

他们开始了这项新的计划，环境果然从中受益了。

19. 这位董事长是不是有意改善环境的？［单选题］［必答题］（实验中由于疏忽，写作"这个董事长"）

　　○是的　　○不是

20. 如果是有意改善环境的，那么环境的改善应该在多大程度上归功于这位董事长？

（数字即星星的个数越大，代表所应归的功越多。数字"1"代表不需要任何归功，数字"4"代表需要进行中等（一半）的归功，数字"7"代表需要完全归功。）［单选题］［必答题］

没有任何可归功于他 1　　○ 没有任何可归功于他 1　　○ 2
○ 3　　○ 4　　○ 5　　○ 6　　○ 7 全部都归功于他　　7 全部都归功于他

一天傍晚,一所地方学校的许多学生驾车到一块空地上进行投石比赛。在比赛的过程中,很明显,他们中有一个投得最好,第二名则对此越来越感到灰心。

在这种挫败中,第二名投石者尽其所能地将石头使劲投向目标,但石头却偏了,恰巧击中了第一名投石者的车,打碎了车窗。

毫无疑问,这是意外。

21. 第二名(失败了的)学生是有意要打破第一名(赢了的)学生的车窗吗?你在多大程度上同意这种说法?

(数字即星星的个数越大,代表同意的程度越高。数字"1"代表完全不同意这种说法,数字"4"代表有中等(一半)程度的同意意,数字"7"代表完全同意这种说法。)[单选题][必答题]

完全不同意 1　　○ 完全不同意 1　　○ 2　　○ 3　　○ 4　　○ 5
○ 6　　○ 7 完全同意　　7 完全同意

22. 你认为第二名的学生应负多大责任?

(数字即星星的个数越大,代表所需要负的责任也越大。数字"1"代表不需要负任何责任,数字"4"代表需要负担中等(一半)的责任,数字"7"代表需要负全部的责任。)[单选题][必答题]

不需要负任何责任 1　　○ 不需要负任何责任 1　　○ 2　　○ 3
○ 4　　○ 5　　○ 6　　○ 7 需要负全部责任　　7 需要负全部责任

23. 如果你是第一名学生,对第二名学生打破你的车窗,你会在多大程度上感到生气?

(数字即星星的个数越大,代表生气的程度也越大。数字"1"代表完全不生气,数字"4"代表有中等程度的生气,数字"7"代表非常生气。)[单选题][必答题]

一点也不生气 1　　○ 一点也不生气 1　　○ 2　　○ 3　　○ 4
○ 5　　○ 6　　○ 7 非常生气　　7 非常生气

24. 如果你是第一名学生,你会在多大程度上同情第二名学生?

(数字即星星的个数越大,代表同情的程度也越大。数字"1"代表一点

也不同情,数字"4"代表有中等程度的同情,数字"7"代表非常同情。)[单选题][必答题]

一点也不同情1　　○ 一点也不同情1　　○ 2　　○ 3　　○ 4
○ 5　　○ 6　　○ 7非常同情　　7非常同情

25. 如果你是第一名学生,你会用攻击性行为来报复吗?比如向第二名学生的车投石头,或采取其他行动。

(数字即星星的个数越大,代表报复的可能性也越大。数字"1"代表完全不会,数字"4"代表有中等程度的可能性,数字"7"代表完全会。)[单选题][必答题]

完全不会1　　○ 完全不会1　　○ 2　　○ 3　　○ 4　　○ 5
○ 6　　○ 7完全会　　7完全会

一天傍晚,一所地方学校的许多学生驾车到一块空地上进行投石比赛。在比赛的过程中,很明显他们中会有一个投得最好,第二名则对此越来越感到灰心。

在这种挫败中,第二名投石者尽可能用力地将石头投向第一名学生的车,打破了车窗。

毫无疑问,他是有意的。

26. 第二名(失败了的)学生是有意要打破第一名(赢了的)学生的车窗吗?你在多大程度上同意这种说法?

(数字即星星的个数越大,代表同意的程度越高。数字"1"代表完全不同意这种说法,数字"4"代表有中等(一半)程度的同意意,数字"7"代表完全同意这种说法。)[单选题][必答题]

完全不同意1　　○ 完全不同意1　　○ 2　　○ 3　　○ 4　　○ 5
○ 6　　○ 7完全同意　　7完全同意

27. 你认为第二名的学生应负多大责任?

(数字即星星的个数越大,代表所需要负的责任也越大。数字"1"代表不需要负任何责任,数字"4"代表需要负担中等(一半)的责任,数字"7"代表需要负全部的责任。)[单选题][必答题]

不需要负任何责任1　　○ 不需要负任何责任1　　○ 2　　○ 3
○ 4　　○ 5　　○ 6　　○ 7需要负全部责任　　7需要负全部责任

28. 如果你是第一名学生,对第二名学生打破你的车窗,你会在多大程度上感到生气？

（数字即星星的个数越大，代表生气的程度也越大。数字"1"代表完全不生气，数字"4"代表有中等程度的生气，数字"7"代表非常生气。）［单选题］［必答题］

一点也不生气1　　○ 一点也不生气1　　○ 2　　○ 3　　○ 4　　○ 5　　○ 6　　○ 7非常生气　　7非常生气

29. 如果你是第一名学生，你会在多大程度上同情第二名学生？

（数字即星星的个数越大，代表同情的程度也越大。数字"1"代表一点也不同情，数字"4"代表有中等程度的同情，数字"7"代表非常同情。）［单选题］［必答题］

一点也不同情1　　○ 一点也不同情1　　○ 2　　○ 3　　○ 4　　○ 5　　○ 6　　○ 7非常同情　　7非常同情

30. 如果你是第一名学生，你会用攻击性行为来报复吗？ 比如向第二名学生的车投石头，或采取其他行动。

（数字即星星的个数越大，代表报复的可能性也越大。数字"1"代表完全不会，数字"4"代表有中等程度的可能性，数字"7"代表完全会。）［单选题］［必答题］

完全不会1　　○ 完全不会1　　○ 2　　○ 3　　○ 4　　○ 5　　○ 6　　○ 7完全会　　7完全会

今天没下雨，沪深股市一片红。

（"红"指股票股价上涨）

31. 请问，"今天没下雨"与"沪深股市一片红"是否有关？［单选题］［必答题］

○ 有关　　○ 无关

32. 如果有关，"今天没下雨"与"沪深股市一片红"有多大程度的关联？

（数字即星星的个数越大，代表关联程度越大。数字"1"代表前者与后者完全没有关联，数字"4"代表后者一半的原因是前者，数字"7"代表完全的关联即前者是后者的唯一原因。）［单选题］［必答题］

完全无关1　　○ 完全无关1　　○ 2　　○ 3　　○ 4　　○ 5　　○ 6　　○ 7唯一原因　　7唯一原因

约翰是一个懒惰之人。有一天他在海边散步，看到一个落水儿童在水中呼喊救命。约翰相信,他不用费多少力气就可以救起那个落水儿童。

但由于他懒得费任何力气去帮助任何人,所以他决定不去救那个儿童,照样继续散步。

结果那个儿童溺水而死。

33. 约翰需要对该儿童的死亡负责任吗?［单选题］［必答题］

○ 需要　　　　○ 不需要

34. 那么约翰应该为此负多大的责任?

(数字即星星的个数越大,代表所需要负的责任也越大。数字"1"代表不需要负任何责任,数字"4"代表需要负担中等(一半)的责任,数字"7"代表需要负全部的责任。)［单选题］［必答题］

不需要负任何责任 1　　○ 不需要负任何责任 1　　○ 2　　○ 3
○ 4　　○ 5　　○ 6　　○ 7 需要负全部责任　　7 需要负全部责任

约翰是一个懒惰之人。有一天他在海边散步,看到一个落水儿童在水中呼喊救命。约翰相信,他不用费多少力气就可以救起那个落水儿童。但由于他懒得费任何力气去帮助任何人 ,所以他决定不去救那个儿童 ,照样继续散步。结果那个儿童溺水而死。

在海滩上空漂浮的热气球上的爱丽丝(Alice)发现,当时正好有一群鲨鱼从落水儿童和约翰散步的海岸之间游过。即使她跳入水中去搭救这个儿童,也不可能成功,因为她可能会被鲨鱼吃掉。

35. 这种情况下约翰需要对该儿童的死亡负责任吗?［单选题］［必答题］

○ 需要　　　　○ 不需要

36. 那么约翰应该为此负多大的责任?

(数字即星星的个数越大,代表所需要负的责任也越大。数字"1"代表不需要负任何责任,数字"4"代表需要负担中等(一半)的责任,数字"7"代表需要负全部的责任。)［单选题］［必答题］

不需要负任何责任 1　　○ 不需要负任何责任 1　　○ 2　　○ 3
○ 4　　○ 5　　○ 6　　○ 7 需要负全部责任　　7 需要负全部责任

约翰是一个懒惰之人。有一天他在海边散步,看到一个落水儿童在水中呼喊救命。约翰相信,他不用费多少力气就可以救起那个落水儿童。但由于他懒得费任何力气去帮助任何人 ,所以他决定不去救那个儿童 ,照样继续散步。结果那个儿童溺水而死。

在海滩上空漂浮的热气球上的爱丽丝(Alice)发现,当时正好有一群鲨鱼从落水儿童和约翰散步的海岸之间游过。即使她跳入水中去搭救这个儿童,也不可能成功,因为她可能会被鲨鱼吃掉。

但是看见鲨鱼的爱丽丝并不知道,这些鲨鱼是一群生物学家利用精密的机器制造的高度逼真的仿生鲨鱼,用以模拟和观察海洋生物活动情况。它们的动力来源是内置的化学燃料电池,它们不会吃人。

37. 约翰需要对该儿童的死亡负责任吗?[单选题][必答题]

○ 需要　　　　○ 不需要

38. 那么约翰应该为此负多大的责任?

(数字即星星的个数越大,代表所需要负的责任也越大。数字"1"代表不需要负任何责任,数字"4"代表需要负担中等(一半)的责任,数字"7"代表需要负全部的责任。)[单选题][必答题]

不需要负任何责任 1　　○ 不需要负任何责任 1　　○ 2　　○ 3
○ 4　　○ 5　　○ 6　　○ 7 需要负全部责任　　7 需要负全部责任

39. 你认为,这个世界是完全由物理规律决定的吗?[单选题][必答题]

○ 是的　　　　○ 不是

40. 那么,不完全由物理规律决定的那一部分主要有哪些?[多选题][必答题]

□ 宏观世界

□ 微观世界

□ 人类心灵

□ 其他方面(请说明)＿＿＿＿＿＿＿＿＿　*

提示:不定项选择

41. 如果世界不完全由物理规律所决定,那么这一不完全被决定的部分所占比例有多大?[输入 0(0%)到 100(100%)的数字][必答题]

42. 我们有根据自己的意愿去行动的自由吗?[单选题][必答题]

○ 有　　　　○ 没有

设想一个世界(世界 A),在其中发生的一切完全是由在它之前发生的所有事情引起的。这个世界一开始就是这样的,因此世界之初发生的任何事情都成为了后来发生的事情的原因,而且一直持续到现在。

例如,有一天,约翰决定午餐吃炸薯条。像其他事情一样,这个决定完全是由之前的事情引起的。因此,如果约翰做出他的决定之前,这个世界中的一切都完全不管,那么约翰决定吃炸薯条这件事将不得不发生。

现在设想另一个世界(世界 B),在这个世界中,几乎所有发生的事情不是完全由之前发生的事情引起的。人类做出的决定是一个例外。

例如,有一天玛丽决定午餐吃薯条。因为在这个世界里,一个人的决定并不是完全由之前发生的事情引起。因此即便在玛丽做出她的决定之前这个世界中的一切都完全不变,玛丽决定吃薯条这回事不一定非得发生。她本可以吃点别的。

43. 世界 A 和世界 B,哪一个更接近我们真实的世界?[单选题][必答题]

○ 世界 A　　　○ 世界 B

44. 在世界 A 中,一个人在道德上完全为他的行为负责是可能的吗?[单选题][必答题]

○ 是的　　　○ 不是

设想一下有这样一个世界,根据完全相同的初始条件与完全相同的自然法则,它一次次地被重新创造。

在这个世界中,同样的条件和同样的自然法则会产生相同的结果,因此,当这个世界每次被重新创造的时候,任何事情都必须以完全相同的方式发生。

比如,在这个世界中,一个叫吉尔的人决定在某个时刻偷一串项链,每次这个世界被重建时,吉尔就在那个时刻决定偷那串项链。

45. 在这个世界中,吉尔决定偷这串项链是否出自他的自由意志?[单选题][必答题]

○ 是　　　○ 不是

46. 他需要为偷这串项链负道德上的责任吗?[单选题][必答题]

○ 需要　　　○ 不需要

2016 年 3 月 23 日《辽沈晚报》报道:

3 月 21 日 21 时许,在沈阳大学南院图书馆南侧路上发生一起故意杀人案。被害人张某(女,系沈阳大学学生)被他人持刀扎死。

当日,张某的男朋友隋某持事先准备好的折叠刀,来到学校内,与女友张某发生口角,并刺、切张的鼻部、颈部。监控录像显示,隋某拿着刀扑向张某,向其面部、颈部乱扎,路过的同学朱某上前将隋某抱住,隋某又持刀向朱某面部挥舞。倒地的张某趁着同学控制住隋某的间隙,几乎爬着逃向最近的小卖部求助。

鉴定结论显示,张某的脖子几乎被砍断,失血休克死亡。

47. 你认为隋某是否需要为杀害张某负责?[单选题][必答题]

○ 是　　　　　　○ 不是

48. 如果需要负责,隋某需要为此负多少责任?

(数字即星星的个数越大,代表所需要负的责任也越多。数字"1"代表不需要负任何责任,数字"4"代表需要负担中等(一半)的责任,数字"7"代表需要负全部的责任。)[单选题][必答题]

不需要负任何责任 1　　○ 不需要负任何责任 1　　○ 2　　○ 3
○ 4　　○ 5　　○ 6　　○ 7 需要负全部责任　　7 需要负全部责任

49. 在一艘船上有 35 匹马和 10 只鸭。

请问船长的年龄是多大?

请写下你认为最接近的船长年龄:船长的年龄是＿＿＿＿＿岁。[填空题][必答题]

在小说《虚构之城》中,因情感纠纷大学生刘某将女友杀害。

50. 你认为刘某是否需要为杀害女友负责?[单选题][必答题]

○ 是　　○ 不是

51. 如果需要负责,刘某需要为此负多少责任?

(数字即星星的个数越大,代表所需要负的责任也越多。数字"1"代表不需要负任何责任,数字"4"代表需要负担中等(一半)的责任,数字"7"代表需要负全部的责任。)[单选题][必答题]

不需要负任何责任 1　　○ 不需要负任何责任 1　　○ 2　　○ 3
○ 4　　○ 5　　○ 6　　○ 7 需要负全部责任　　7 需要负全部责任

52. 在一艘船上有 105 匹马和 30 只鸭。

请问船长的年龄是多大?

请写下你认为最接近的船长年龄:船长的年龄是＿＿＿＿＿岁。[填空题][必答题]

据《武汉晚报》2016 年 10 月 18 日报道,因情感纠纷大学生刘某将女友杀害。

53.　你认为刘某是否需要为杀害女友负责?［单选题］［必答题］

○ 需要　　　○ 不需要

54.　如果需要负责,刘某需要为此负多少责任?

(数字即星星的个数越大,代表所需要负的责任也越多。数字"1"代表不需要负任何责任,数字"4"代表需要负担中等(一半)的责任,数字"7"代表需要负全部的责任。)［单选题］［必答题］

不需要负任何责任 1　　○ 不需要负任何责任 1　　○ 2　　○ 3
○ 4　　○ 5　　○ 6　　○ 7 需要负全部责任　　7 需要负全部责任

子轩和雨涵的故事

子轩和雨涵是亲兄妹。

有一年大学放暑假,他们一起去鼓浪屿旅行。

一天晚上,他们单独待在海滩附近的小屋中,他们觉得如果他俩做爱的话将会非常有趣,至少对每人而言都将是一种新体验。妹妹雨涵此前已经在服用避孕药了,但为了安全起见,哥哥子轩还是使用了避孕套。

他们都喜欢做爱,但还是决定下不为例。他们将那晚上的事作为特别的秘密对待,这使他们感到之间的关系更加亲密了。

55.　你对此怎么看,他们可以这样做吗?［单选题］［必答题］

○ 可以

○ 不可以

56.　你的理由是:［填空题］［必答题］

_____

57.　如果他们坚持认为:生理上他们采取了双重避孕措施、心理上两人之间反而更加亲密了,而且没有伤害到任何人,因此没有错。你还坚持你的观点吗?［单选题］［必答题］

○ 我坚持前面的观点

○ 我放弃前面的观点

58.这是两位暮年老人的情况介绍。两人都在反省他们的生活。老人甲具有很高的天分,他不努力,在他的工作生涯中,他只获得了很小的成功。老人乙具有很低的天分,他很努力,但他也获得了很小的成功。

你愿意成为哪个人？选择其中之一。[单选题][必答题]

○ 高能力和低努力的

○ 高努力和低能力的

59.这是两位学生的情况介绍。学生甲有很高的天分,但该生学习不努力,在大学的一年级期间,该生维持一个 A-的平均分。学生乙没有很高的天分,该生学习努力,在大学一年级期间,该生也维持 A-的平均分。

如果只能选其一,你愿意成为哪个学生？[单选题][必答题]

○ 高能力和低努力的

○ 高努力和低能力的

本书相关论文

本书内容亦可见于如下系列论文：

[1] 郭喨.性别、意图与道德判断——一个实验哲学报告[J].西南民族大学学报(人文社会科学版),2021,42(3):77-81.

[2] 郭喨.自由意志、决定论与道德责任：一个实证的新研究[J].伦理学研究,2021(1):28-33.

[3] 郭喨."选择的可能"与"控制的祛魅"——一个实验哲学报告[J].浙江学刊,2019(2):70-76.

[4] 郭喨.行动的逻辑与解释的逻辑——道德行为的原因、理由与解释[J].浙江学刊,2020(2):183-191.

[5] 郭喨,盛晓明.新工具与实验哲学的未来[J].自然辩证法研究,2014,30(7):9-14.

[6] 郭喨."道德运气"存在吗？——基于一份实验哲学报告的研究[J].江西社会科学,2019,39(10):30-36.

[7] 郭喨."善良"还是"软弱"——道德责任归因的经验证据与人际差异[J].当代中国价值观研究,2019,4(6):24-30.

[8] 郭喨.自私、合作与美德的本质[J].深圳社会科学,2020(3):75-81.

[9] 郭喨.你我有别：关系如何影响道德责任归因[J].长沙理工大学学报(社会科学版),2020,35(4):23-29.

[10] 郭喨.道德判断中的理性与情感研究[J].昆明学院学报,2020,42(1):78-82.

后　记

　　本书是由我的博士论文修改而成,我希望能尽可能完整地呈现博士论文的原貌。在最大限度保留博士论文原貌的同时,也在格式等方面进行了一些必要的调整。

　　以下是原始的博论"致谢"。

＊　　＊　　＊　　＊　　＊　　＊　　＊　　＊　　＊　　＊　　＊

　　2012年9月初的一个清晨,同样是阳光明媚的熟悉的杭州,我又入学了。完全不敢想象,未来的五年会是这样一种样子:生活总是比想象更丰满。我逐渐意识到:其实,没有人能成为生活的旁观者,你只能成为生活中的"行动者"。正如我在论文中所指出的,作为行动者,你将看到一个跟旁观者不同的"生活",既有付出时的艰辛,也有收获时的甜蜜。酸甜苦辣咸,个中滋味,慢慢品味。行文至此,顺道感谢生活!——我们总是习惯于"理所当然",却忘了"理所"未必"当然";我们总是热爱出发,却在路途迷失了最初的目标;我们忙于追寻生活中的各种目标,却忘记了生活本身才是最精彩的史与诗。

　　哎,健忘的人类!

　　我们擅长忘记承载我们这个时代人类心灵的唯一载体——肉身。或许很短的未来里我们就可以把灵魂上传、复制、备份和下载了,以及把灵魂灌注到另一个没有灵魂的我们的肉身备份里,实现永生。然而现在,我们需要时间。

　　我博士论文答辩当天——2017年5月27日,在中国,在浙江,一件历史性的事件正在发生,人类"理性的丧钟"正在敲响。这倒不是因为我的论文答辩——虽然也很巧合(如论文中所指出的,人们倾向于在时间邻近的事件或物体之间建立起种种随意性的因果关系,因此,"由于我的论文答辩而开始了人类理性的终结"也说得通),而是因为,2.0版的人工智能 AlphaGo 以3:0彻底战胜人类最杰出的棋手柯洁,成为"围棋之神";这将在第一个人类引以为傲的领域宣告人类"理性的失败",未来还会有更多的领域、以更快的速度被占领、统治。我们注定失败,而且现在看不到人机和解的迹象和希望——人与蚂蚁何曾"和解"过呢? 你只不过不小心无意中踩死过蚂蚁而已,踩踏到人行道上的迷路一只,或者正在齐心协力扛起毛毛虫的一群——你无意伤害,你只是没有看到而已。未来的超人工智能和我们的关系,与我们跟蚂蚁的关系多么相似!

面对指数级增长的"新人",我们越来越像一群仓皇无措的蚂蚁。人机融合或许是一个可能的方案,但是如果一个人51%的决策由 AI 作出,我们能说他是一个"人"? 如果是99%的决策都由超人工智能提出,然后我们"批准"一下,嗯,好,行,就这么办吧——这时候我们还好意思说我们是独立自主的"人"吗? 最后,如果我们的一生都由另一种智能存在物安排好了,我们只需要像《机器人总动员》(WALL·E)中"真理号"上的人类避难者一样,过一种"幸福"的生活吗? 毕竟,在瓦力到达之前,"真理号"上的难民们也过着我们今生梦寐以求的幸福生活——除了自由,他们拥有一切。

此刻的主楼263窗外,清晨,阳光依然明媚,岁月仍旧静好。我听到多年熟悉的声音——鸟鸣,对面田家炳楼里学生的喧哗,被碰触到的电动车报警器的"weir～weir"声,以及窗外路上行人们的寒暄——这就是人类生活的小小剪影。希望深度学习中的 AI 你能够发现,也能会心一笑。

未来未来,让我们回到这真实的、现在的人间。

感谢我的父母,郭富林先生和王善华女士。感谢他们给我了体会这人间百味的宝贵和唯一机会。祈愿他们继续身体健康,平平安安,唯求岁月静好。

感谢导师盛晓明教授,他的儒雅气质、睿智谈吐和广阔学术视野,他对"问题意识"的强调,他对我所热爱的实验哲学事业强有力的支持,让我感到,我是多么的幸运! 感谢导师!

他从不"谆谆教导"——这不是他的风格(所以如果有哪个人自称得到了导师"谆谆教导"的话,很可能要么是说谎,要么就是没有得到真传);他喜欢"放养"学生,给学生以最大限度探索的自由。他从来都是全力支持他学生们的研究,哪怕这些研究并不是他最熟悉的学术领域。事实上,迄今为止,他所指导的学生——其中有许多已经开始闪光的名字、注定终将耀眼的名字——没有任何两个人的研究主题是相同的,甚至相似的! 这在许多学人眼里是"不可思议"的事情,我们却"习以为常"。导师对问题的深刻把握、学科的有力引领和人才的卓越培养,注定成为传奇。

感谢李恒威教授、潘恩荣教授、张立副教授,在我整个的博士生学习过程中,他们都给予了无私的支持、细致的指导和全面的帮助。许多具体的问题、细碎的事务,都有赖于老师们及时的指导、大力的支持。感谢师兄师弟师姐师妹和浙江大学科技与社会发展研究所、语言与认知研究中心的其他小伙伴们——超 AI 你一定会感到惊奇,为什么一个博士生还会用"小伙伴"来描述他身边成年的朋友们。那我告诉你,自从"我和我的小伙伴们都惊呆了"之后,小伙伴也可以指"老伙计们"而且毫无违和;感谢一直为我们辛勤服务的研究所和认知中心的行政、学术秘书们。对吃货最佳的感谢方式是饕餮大餐,对书虫的最佳感谢方式是珍本秘藏——所有这一切都胜过列出一长串的名字。人类的这些特点,希望超 AI 你也能体会、能尊重,可以吗?

在巨大不确定未来到来之前的小小确定性时段里,你该如何度过?

答案是:狂欢、徒劳地挣扎或奋起改变。虽然你很难区分清楚是挣扎还是改变——不过,你至少知道什么是狂欢。

浙江大学　郭喨

2017 年 5 月 28 日清晨,于中国杭州·浙大·西溪

﹡　﹡　﹡　﹡　﹡　﹡　﹡　﹡　﹡　﹡　﹡

关于本书,尤其还要感谢盛晓明教授、胡铭教授、代玉启教授,感谢他们无私的关怀与真诚的帮助。得遇良师,这真是天大的幸运。

感谢浙江大学出版社赵静、冯社宁两位编辑的精心编校。

最后要真诚地感谢与我对话交流,耐心翻到本页的每一位读者!

郭　喨

2022 年 7 月 18 日·杭州·启真湖畔